Happiness und Happy Money

Rafael D. Kasischke

Happiness und Happy Money

Bibliografische Information der Deutschen Nationalbibliothek:
Die Deutsche Nationalbibliothek verzeichnet diese Publikation
in der Deutschen Nationalbibliografie; detaillierte bibliografische
Daten sind im Internet über http://dnb.dnb.de abrufbar.

Verlag: BoD · Books on Demand GmbH, In de Tarpen 42,
22848 Norderstedt
Druck: Libri Plureos GmbH, Friedensallee 273,
22763 Hamburg
ISBN: 978-3-7693-1116-7

Dieses Buch ist den vielen Menschenseelen
gewidmet, die noch nicht in der Leichtigkeit leben
und auf der Suche nach der Freude im Leben,
dem Lachen und der Unbeschwertheit sind.

Möge das Licht auf diese Menschen scheinen
und sie in die Fröhlichkeit bringen.

Inhaltsverzeichnis

Vorwort

Leuchtendes, goldenes LICHT fliesst zu den Menschen. Goldenes LICHT scheint um sie herum. Dieses füllt sie mit LIEBE. Sie fühlen sich geborgen. Sie fühlen sich wohl. Sie sind glücklich. Eine tiefempfundene HAPPINESS und FREUDE umgibt sie. Sie sind berührt von diesem Licht. Es füllt ihre HERZEN. Sie spüren die LIEBE und die Verbundenheit mit etwas Größerem – der kosmischen Energie.

Licht – Liebe – Leichtigkeit – Frieden – Freiheit – Achtsamkeit – Mitgefühl – Dankbarkeit – Anerkennung – Wahrheit – Vertrauen – Respekt – Herzöffnung – Intuition – Tanzen – Lachen – Fröhlichkeit – Ausgelassenheit – Heiterkeit – Unbeschwertheit – innerer Reichtum – innere Werte – innere Zufriedenheit sowie Tatendrang umgeben diese Menschen. Sie fühlen sich glücklich, verstanden und „zu Hause" in ihren Herzen angekommen. Voller Freude umarmen sie ihre Familie, ihre Freunde, die Nachbarn, die Community sowie andere Menschen.

Und diese Fröhlichkeit wird von anderen Menschen gesehen. Sie kommen und möchten verstehen, was hier gerade passiert: eine grosse Wandlung – von bisheriger Niedergeschlagenheit, Angst und Leid zum jetzigen Öffnen der Herzen, dem Empfangen von goldenem Licht, dem Fühlen von Freude und Glücklichkeit.
Es kommen immer mehr Menschen. Auch sie alle empfangen Liebe, goldenes Licht und Freude. Es entsteht eine

Kettenreaktion. Mehr und mehr Menschen werden angezogen und möchten dieses Wunder erleben. Aus Leid, Angst und Trauer, Pessimismus und Zukunftsangst, Abstieg und Chaos werden innere Ruhe, Zuversicht, Optimismus, Neuanfang, Lebensfreude, Leichtigkeit, Gelassenheit und damit Happiness.

Wie ist das möglich? Wie konnte das geschehen? Wer hat das ausgelöst? Ist das eine Fiktion? Ist das nur dieser Augenblick? Oder hält dieses neue Erwachen an?

Es ist keine Fiktion. Es ist kein Traum. Es ist die nahende Zukunft. Wir machen die Menschen glücklich. Wir holen sie aus ihrem tristen Leben heraus und umhüllen sie mit einem Heiligen-Schein, der tief in ihr Inneres strahlt und ihre Körperzellen und Gefühle erreichen, die von dunkel zu goldenen werden.

Denn unser Bewusstsein ist über Nacht gewachsen. Und mit unserem Bewusstsein haben sich auch unsere Körper-, Geist- und Emotions-Zellen erweitert. Unsere Traumata, unsere erlebte Vergangenheit und unsere gegenwärtige aussichtslose Lage sind über Nacht verschwunden. Ein goldener Schein ist über die Menschen gekommen, die dazu offen und bereit waren. Und diese Menschen stecken jetzt andere Menschen an. Auch sie möchten von diesem Nektar der Glückseligkeit kosten. Und auch sie erfüllt das Neue mit Liebe, Freude und Dankbarkeit. Und auch sie erhalten den goldenen – den Heiligen-Schein.
Das alles ist keine Vision, sondern es ist die nahe Zukunft. Sie steht vor der Tür – dieses Glücksgefühl unter den Menschen.

Jeden Tag lesen wir Menschen über das Thema Happiness in den Medien. Es gibt sogar eine Länder-Liste mit den glücklichsten Menschen. Die nordischen Länder wie Finnland, Dänemark, Island, Schweden und Norwegen belegen die ersten Plätze in dem World Happiness Report 2024.

Doch sind wir durch Medien und Veröffentlichung der Länder mit den glücklichsten Menschen glücklicher geworden? Nein. Teilweise macht es die Menschen unglücklicher, weil sie denken: Wie können die anderen happy sein und ich nicht?

Wir können alle happy sein. Und darum geht es in diesem Buch. Doch wie eingangs geschrieben, ist der Switch in die Happiness über Nacht noch nicht eingetreten. Bis dahin müssen wir noch den herkömmlichen Weg gehen, um innerlich zur Happiness zu gelangen. Und der herkömmliche Weg ist manchmal etwas dornig. Auf jeden Fall ist es ein Prozess, den wir durch die Erfahrung des Lebens lernen. Doch im Grunde sind wir von Geburt an happy. Denn wir dürfen glücklich sein, auf die Welt gekommen zu sein und das reichhaltige Leben, d.h. die Erfahrungen machen zu dürfen.

Und als Kinder lachen wir am meisten. Danach haben es viele Menschen verlernt. Wir dürfen uns an diese unbeschwerten Zeiten zurückerinnern und das Lachen und Freuen – aus dem Herzen heraus – wieder aktivieren. Und wir dürfen andere Menschen dazu anstiften, ebenso diesen Weg zu gehen. Somit kommt Friede und Freude in unser Leben und in die Welt.

Es geht also darum, unsere als Kind erfahrene und dann verlernte Happiness wieder zu erlangen. Denn jeder Mensch – wir alle Menschen – möchte happy sein.

Sind Sie happy? Weshalb? Wodurch? Jeden Tag oder nur selten? Wie drückt sich Ihre Happiness aus? Möchten Sie wissen, wie Sie stetig happy bleiben oder noch glücklicher werden? Einige Menschen sind heute happy und morgen unhappy – also wankelnd.

Es gibt viele Bücher, Rat- und Vorschläge. Einige habe ich gelesen, um die Weisheiten anderer Autoren zu erfahren. Doch wenige haben mich überzeugt. Warum nicht? Viele gehen wissenschaftlich vor. Positive Psychologie heisst das Zauberwort. Oder sie sind Pseudo-Spirituelle mit tollen Ratschlägen.

Ich gehe anders an das Thema heran, und zwar von der praktischen Seite. Für mich bedeutet Happiness ein Prozess, den man nicht von heute auf morgen lernen kann.
Wie alles im Leben hat auch dieses seine zwei Seiten. Denn wir leben in der Dualität: Tag – Nacht, Licht – Schatten, Freude – Leid, Krieg – Frieden, Positivität – Negativität.

Um in die Happiness zu kommen, dürfen wir durch Erfahrungen gehen – positive sowie negative. Am besten ist, wenn man vorher gar nicht weiss, worum es geht. Man geht ganz einfach den Weg – ob in die Prosperity oder in den Abgrund. Das zeigt

sich dann schon. Und wenn man z.B. den Weg in Richtung Abgrund gegangen ist und dort wieder herauskommt, dann ist eine der Erfahrungen gemacht und das Ziel erreicht.
Man kann praktisch diese Erfahrung in der Checklist abhaken.

Und so gibt es viele Erfahrungen, die dazu beitragen, in die Happiness zu kommen. Zunächst aber dürfen wir diese erleben. Wenn man den Weg in die Prosperität gegangen ist, bedeutet es nicht, dass wir den Abgrund nicht mehr erleben werden. Er kann auf unserem Weg immer noch eintreffen und uns begegnen. Und dann ist aus Freude, Leichtigkeit plötzlich Schwere, Trauer und Leid geworden. Warum: Wir identifizieren uns mit unserem Körper, unserer Geschichte, unseren Eltern, unserem Job, unserem Vermögen, anstatt alles aus der Ferne und mit Weisheit zu betrachten.

Einführung

Viele Menschen suchen nach Fröhlichkeit, Lebensfreude und einen Lebenssinn. Sorgen, Ängste, Zweifel haben sie genug. Dieses Buch soll zur Fröhlichkeit sowie zum Nachdenken über das Leben anregen. Gern nehme ich Empfehlungen und Anregungen entgegen.

Ich habe schon diverse Vorträge über Glücklichsein gehalten: „Wie bringe ich Gelassenheit und Freude in mein Leben? Happiness & Money" heissen meine Vorträge.
Oder: „Wie werde ich fröhlich, ausgelassen, sorglos, angstfrei? Denn viele Menschen sind im Stress, Geld verdienen, Sorgen um die Zukunft, Familienprobleme, Depressionen. Rafael kennt diese Themen aus eigener Erfahrung. Durch seinen inneren Wandel ist er zu einem fröhlichen, lebenslustigen Menschen geworden. Möchtest auch Du so werden?"

Ich habe weiterhin Schweizer und deutschen Firmen angeboten, ihre Mitarbeiter happy zu machen. Ich bekam den Hinweis, dass ihre Mitarbeiter alle happy sind und man intern genügend Fachpersonal dafür habe. Ich freue mich natürlich sehr, dass dieses Thema bei allen Firmen angekommen ist und ihre Mitarbeiter jetzt happy sind. Ich musste natürlich über diese Antworten lächeln. Denn in unserer heutigen Welt sind nur wenige wirklich glücklich und voller Freude (= beyond joy).

Warum sind Kolumbianer glücklicher als Schweizer fragte ich einen kolumbianischen Doktoranten an der Universität in St. Gallen. Dieser konzentriert sich in seiner Forschung auf die Erhaltung des kulturellen und ökologischen Erbes der indigenen Gemeinschaften Kolumbiens sowie auf die Mechanismen der Vermittlung und des Dialogs im Rahmen der Vereinten Nationen. Er lebt seit einigen Jahren in der Schweiz und kennt den Unterschied zwischen den beiden Ländern bestens.

Seine Antwort lautete: das kolumbianische Volk verfügt im Inneren über Gaben, die den Schweizern und anderen Völkern des Westens verborgen sind. Es ist die innere Freude (the joy beyond), das innere Glücklichsein, das Lachen, die Scherze, das Sprühen von Funken (chispa = Spanisch), das Schelmische, Schalkhafte, Spitzbübische, die Verschmitztheit (picardia).

Woher kommt diese Kraft? Aus einer Quelle, zu der eigentlich Jeder den Zugang hat, aber viele es vergessen oder verdrängt haben, diese Quelle anzuzapfen und sich hineinzufühlen in eine Energie, die man nicht anfassen kann. Die indigenen Völker haben den Zugang zu dieser Quelle. Harmonisierung ist ihr Zauberwort – Harmonisierung unter den Menschen (und keine Individualisierung) sowie Harmonisierung mit der Natur. Ich nenne es Spiritualität.

Ich möchte Menschen inspirieren und sensibilisieren, das innere Gold – die Freude, Leichtigkeit, Kindlichkeit, Liebe und Weisheit – in sich zu finden und glücklich zu werden.

Mein Ziel ist es, die Welt schöner zu machen und Glück in die Welt zu bringen. Die Herausforderung besteht darin, die Denkweise und Einstellung der Menschen zu ändern und sich von Ego und Geld zu lösen.

Am 24. August 2024 habe ich ein Ehepaar aus Indien auf der Bahnhofstrasse von Zürich kennengelernt. Ein junger Mensch hielt ein Schild in der Hand: „Positive People wanted". Das indische Ehepaar sowie ich näherten sich gleichzeitig dem jungen Mann mit dem Schild. Wir diskutierten für positive People sowie über Happiness. Wie kommen wir in die Happiness, fragte der Inder. Indem wir etwas tun für andere Menschen, dass unser Herz als Gebender und das Herz des Beschenkten berührt, und zwar ohne etwas dafür zu verlangen – rein aus Nächstenliebe. Natürlich dürfen wir auch etwas erhalten. Aber nicht wie bisher üblich – einen hohen Geldbetrag. Gier und Profitmaximierung sind nicht mehr angesagt. Darüber schreibe ich im 7. Kapitel.

Was hat mein Herz berührt und worüber bin ich dankbar?
Ich bin dankbar über mein Leben. Darüber schreibe ich im 6. Kapitel. Und ich bin dankbar über meine Erfahrungen, die ich in meinem Leben machen durfte. Aufgrund dieser Erfahrungen bin ich glücklich geworden. Ich habe heute weitaus weniger vom Materiellen als zuvor. Dafür habe ich heute viel – an Wissen, Weisheit, Erfahrungen sowie meinen Talenten und Gaben. Jeden Tag lerne ich neue Menschen kennen, gebe ihnen Freude, Sonnenschein und goldenes Licht und nehme ihnen die Angst.

Das ist eine wunderbare Gabe, die mein Herz berührt und für die ich mich beim grossen Ganzen bedanke.

Muss man ein grosses materielles Vermögen haben, um glücklich zu sein? Ich hatte das Vermögen – mit einem sehr grossen, eigenem Haus in der besten Lage von Miami/Florida. Eine grosse parkartige Auffahrt mit Springbrunnen säumte den Vorgarten. Auf der Rückseite des Hauses ein herrlicher Garten mit einem grossen Pool, angrenzend an den Golfclub des bekannten Hotel Biltmore mit dem Blick auf das Par 3 vom Schlafzimmer des Obergeschosses aus. In der Garage zwei Autos. Die Kinder auf der Privatschule. Um uns herum die schönsten Villen mit den reichsten Menschen von Miami sowie ständigen Einladungen und Feiern. Beruflich war ich erfolgreich – die Interessen für eine Schweizer Bank in Lateinamerika vertretend. So kann man glücklich sein. Und das war ich auch.
Aber später – als dieser äussere Glanz mir genommen war – wurde ich noch glücklicher. Dieses ist eine Geschichte über mich sowie andere Menschen über das Thema des wahren – des inneren – Glücklichseins.
Wir dürfen lernen: Es geht nicht darum auf die Welt zu kommen, um Besitztümer anzuhäufen, sondern um sich zu entwickeln.

Man kann sich fragen: Hilft mir das, was ich gerade tue, mich weiterzuentwickeln? Helfe ich anderen Menschen sich zu entwickeln bzw. ihr Leiden und Chaos (Verwirrung) zu verringern? Gerade in unserer heutigen verrückten Welt voller unvorhersehbaren Dingen und Taten, die in den Köpfen von Menschen stattfinden – ob sie auf der Weltbühne stehen oder im Flüchtlingsheim leben – ist die Not und das Leid unter Menschen gross. Wir dürfen ihnen unser Ohr schenken. Und wir dürfen ihnen Zuversicht, Licht und Liebe schenken. Dadurch wachsen wir.

Und zum Entwickeln gehört neben **dem Geben und der Dankbarkeit auch das Vergeben**. Wir werden im Laufe des Lebens mit so vielen Dingen ungerechterweise konfrontiert. Und wir selbst konfrontieren andere Menschen – als Kind und Jugendliche – zunächst unsere Eltern mit vielen nicht schönen Worten, Behauptungen oder Vorwürfen und später natürlich andere Menschen in unserem Umfeld.
Wir dürfen diese negativen Gedanken, Worte und Beschuldigungen uns gegenüber verzeihen und den anderen ihre Taten uns gegenüber vergeben. Dieses Tool der **Vergebung** ist eines der wichtigsten auf dem Weg in die Happiness. Ich vergebe dem Täter, der mir oder meinen Kindern das oder jenes angetan hat. Und ich verzeihe mir, dass ich anderen etwas angetan habe.

Wir Menschen sind beides: Opfer und Täter (Aggressor/Angreifer). Es gibt aber noch eine weitere Position. Das ist der Befreier, der Retter, der Erlöser. Im Leben gehen wir Menschen von der einen in die andere Rolle: aus dem Opfer werden der Angreifer und dann der Retter.

Wir dürfen versuchen, aus diesem dreier Verhältnis auszubrechen und die Rollen aus der Ferne zu betrachten. Wir müssen der Held oder die Heldin - der Geschichtenerzähler - werden, nicht das Opfer einer Geschichte. Wir wissen: Wir sind nicht unsere Gene. Nur 10 % machen unsere Gene aus.

Wenn wir uns als Gäste auf diesem Planeten betrachten und uns aus unserer Identifikation herausnehmen, wir also Beobachter des ganzen Theaters sind und dieses aus der Distanz betrachten und wir damit eine andere Perspektive einnehmen, **dann werden wir gelassen und auch fröhlich** und kommen in den Seelenfrieden.

Meine Mission: Sie lieber Leser, happy zu machen – Ihnen Freude, Liebe, Fröhlichkeit und Leichtigkeit zukommen zu lassen und Ihnen die Schwere des Gepäckes zu nehmen.
Tauchen Sie ein, in diese neue Energie. Sie erleben sich selbst und die Welt um Sie herum mit anderen Augen.

1. Kapitel: Was ist Happiness?

Glücklichsein, Freude, Lachen gehört zum Grundprogramm unseres menschlichen Wesens. Kinder sind automatisch happy. Weil sie keine Angst kennen. Weil sie noch keine negativen Erfahrungen im Leben (Jobverlust, Geldverlust, Partnerverlust, Konkurs, Betrug, Korruption, etc.) gemacht haben. Sie sind sorglos und abenteuerlustig. Sie lassen sich auf das Abenteuer des Lebens ein. Sie möchten entdecken und möchten ausprobieren – ihre eigenen und die Grenzen des anderen. Sie haben Vertrauen. Sie möchten spielen und Spass haben. Sie möchten überraschen und überrascht werden. Sie möchten sich freuen. Neugier, Leichtigkeit und Lebenslust sprühen aus ihren Augen.

Und wir Erwachsenen – was möchten wir? Wir möchten ebenso Abenteuer erleben, unsere Grenzen ausprobieren; Spass haben; spielen – mit Geld, dem Leben und dem „Feuer". Wir verbrennen uns und fangen von Neuem an. Wenn es wirklich weh tat, dann hören wir auf.

Wir Erwachsenen möchten also ähnlich wie Kinder unsere Erfahrungen machen. Doch auf einem anderem Bewusstseinsniveau. Und wir haben bereits gewisse negative Erfahrungen gemacht. Das Resultat von allem ist ein weniger Lachen, ein weniger Sorglosigkeit und Hineinspringen ins Leben als bei Kindern. Und dadurch ein weniger Happiness wie bei Kindern.

Doch das wollen wir versuchen wieder zu erreichen – zu revitalisieren – unserem inneren Kind wieder zu begegnen. Das Leben mit Kindesaugen zu betrachten, verspielt zu werden, Freude zu empfangen, unsere Sinne zu öffnen und beginnen herzhaft zu lachen.

Was muss geschehen, um diese Sorglosigkeit und kindliche Freude, dieses Gott-Vertrauen wieder zu erlangen? Es geht um eine neue Sicht auf das Leben. Wir erfahren eine neue Leichtigkeit. Lebensfreude breitet sich aus. Ein neues Leben beginnt.

> *„Wenn Du etwas wagst, wächst Dein Mut.*
> *Wenn Du zögerst, Deine Angst".*
> Mahatma Gandhi

Doch zunächst zur Frage: Was ist die eigentliche Happiness? Es ist die Verbindung von meinem Geist zu meinem Herzen und meiner Seele. Alles ist in Harmonie miteinander verbunden. Keiner möchte mehr wert sein als der andere – weder der Geist (und damit evtl. das Ego) noch das Herz oder die Seele. Die Seele ist das Wichtigste in diesem Dreier-Gespann – dieser Verbindung. Denn die Seele ist schon vor der Geburt in uns integriert. Es ist die Basis unseres Seins. Sie gibt den Ton an.

Wir glauben, dass unser Geist den Ton angibt. Nein, das ist nicht so. Die Seele sagt, wo unser Weg lang geht – auch wenn der Weg steinig, ungerade und vielleicht nicht ethisch und moralisch ist. Auch diesen Weg möchte die Seele erfahren. Und damit gehen wir diesen Weg – dürfen ihn gehen, damit die Seele diese Erfahrung machen kann.

Und inwiefern spielt das Herz in diesem Dreier-Gespann eine Rolle? Das Herz ist die Brücke zwischen Geist und Seele. Das Herz sagt, was richtig und falsch ist. Das Herz ist der Gradmesser – der Kompass. Wenn mein Herz rein ist und es leuchtet und sich wohlfühlt, dann sind mein Geist und meine Seele im Einklang. Alle drei fühlen sich wohl. Und dann bin ich in Happiness. Und dann bin ich in geistiger, emotionaler sowie mentaler Gesundheit.

Das kann ich aber nicht mit jungen Jahren sein, weil ich – bevor ich diesen Zustand der inneren Happiness erreiche – durch die Erfahrungen gehen muss, die meine Seele erleben möchte. Der Geist spielt alle Spiele mit. Denn in uns Menschen gibt es die Polarität: das Gute und das Böse, Positivität und Negativität. Bei den negativen Handlungen wird das Herz einfach ausgeschaltet. Die positiven findet das Herz ja prima und freut sich.

Es darf hinzugefügt werden, dass das Dreier-Gespann mit der grossen Seele – der kosmischen Energie – verbunden ist, was ein weiterer Grund für unser Happiness-Gefühl ist. Wir fühlen uns geführt, verstanden und beschützt.
Happiness ist also ein Gefühl. Wir fühlen uns leicht, beschwingt, glücklich, ausgelassen. Wir können Bäume ausreissen. Unser Endorphine-Spiegel (unsere Freude-Gefühle) steigt nach ganz oben.

Doch ich fühle, dass viele Menschen in der Welt nicht glücklich sind – arme sowie reiche. Der Unterschied zwischen arm und reich ist das Geld. Die Armen können sogar glücklicher sein als die Reichen. Denn dieses Gefühl sitzt in ihren Herzen und sie strahlen Freude und Happiness aus. Ihre Augen sind der Spiegel seiner Seele. Sie leben im „Jetzt" und nicht im gestern oder morgen.

Der Arme will nicht „immer mehr", wie es bei vielen Reichen der Fall ist. Dennoch braucht der Arme das gleiche wie der Reiche: ein Dach über den Kopf, Essen und Trinken sowie Erziehung und Gesundheit.

Die Reichen glauben happy zu sein, weil sie sich vieles leisten können. Aber Reichtum und Besitz können auch belasten. Man muss sich darum kümmern, es vermehren und kontrollieren. Und einige haben Verlustängste und machen sich Sorgen. Und dann die Frage zum Ende des Lebens: An wen vererben wir unseren Reichtum? Gehen unsere Kinder und Enkel damit gut um? Ich habe mit Reichen zusammengelebt. Ich kenne ihre Sorgen, Ängste und Gedanken.

Curt Engelhorn, ex-Patriarch der Pharmabranche (Boehringer Mannheim), sagte zu Lebzeiten: „Mein ganzes Leben bin ich auf der Suche nach Wärme und Anerkennung. Über weite Teile meines Lebens bin ich gescheitert". Er ist ein vernachlässigtes Kind, traumatisiert von der Scheidung der Eltern. Und er wird der Vater von vernachlässigten Kindern, traumatisiert von seinen Frauengeschichten. Er gehörte zur Welt des großen Geldes. Doch er war einsam und arm.

Und so geht es Vielen. Doch wenige öffnen ihr Herz und sagen, was sie fühlen. Mächtige, erfolgreiche Männer sind oft verhärtet. Sie haben einen starken nach aussen gezeigtem Charakter, aber die Seele verkümmert. Sie funktioniert, solange das äusserliche Leben funktioniert. Dann folgt eine verzweifelte Leere.
Aristoteles Onassis: „Ein reicher Mann ist oft nur ein armer Mann mit sehr viel Geld".
Paul Getty: „Geld-Haben befreit nicht von Geld-Sorgen".

Im Oktober 2024 hatte ich das Privileg, zu einem internationalen Event in Indien (Mt. Abu/Rajasthan) eingeladen zu werden. Es ist ein spirituelles Retreat-Center. Es ging um Selbst-Erkenntnis und damit um das Körper-, Geist- und Seelen-Bewusstsein.

Auf diesem Retreat durfte ich nochmal tief in mich hineingehen – hören und fühlen, mein Inneres stark machen, um meine Happiness in Zukunft in der Welt zu verbreiten. Die erhaltenen Botschaften sowie meine Gespräche mit den vielen Teilnehmern während des einwöchigen Retreats waren so inspirierend, heilend, erleuchtend, dass es mir immer leichter fällt, meine Rolle (in der Welt) anzunehmen und zu gehen.

Ich habe 70 Menschen aus den unterschiedlichen Ländern kennenlernen dürfen – aus Südafrika, Kenia, Ghana, Mauritius, Seychellen, Indien, Japan, Indonesien, Malaysien, Vietnam, Dubai, Bosnien, England, Schweiz, Italien, Spanien, Brasilien, Trinidad, Canada und USA.

Jeden Teilnehmer habe ich nach dessen Meinung gefragt, wie sie das Glücklichkeits-Gefühl der Bevölkerung in ihrem spezifischen Land wahrnehmen. Die Antworten waren sehr ähnlich: Die Menschen haben ihren Fokus auf das Materielle. Viele sind von daher im Stress. Nach aussen scheinen sie glücklich. Doch es ist nur ein Schein – und kein Sein.

Schon auf der 4-stündigen Fahrt von Ahmedabad nach Mt. Abu im Taxi, das ich mit einer jungen Journalistin aus Dubai teilte, sprachen wir über Happiness in Dubai. Natürlich sind die Menschen dort happy, sagte sie, weil sie nur das Materielle sehen. Die Verbindung mit der Natur und Spiritualität kennen sie nicht. Die gleiche Antwort erhielt ich kurz zuvor von Saudi-Arabien, auf einer Immobilienmesse in München.

Aufgrund unserer materiellen Welt ist das wahre, tiefempfundene Gefühl von Freude und Glücklichkeit verloren gegangen. Doch viele sehnen sich danach. Das bedeutet, dass wir alle, die dieses tiefempfundene Gefühl in uns haben, aufgerufen sind, dieses in die Welt zu bringen und Menschen vom Herzen her glücklich zu machen, Licht und Freude zu bringen.

Auf meine Frage nach der Glücklichkeit möchte ich Japan erwähnen. Die Antwort kommt von einer Universitäts-Professorin aus Hiroshima, Dr. Fuyuko Takita. Zum Thema Happiness erzählte sie mir von den drei Ebenen in Japan:

Altes Japan: Aufgrund der alten japanischen Nationalreligion Shintoismus erlangten die Menschen mehr wahres inneres Glück, da die Hauptgrundsätze des Shintoismus die Bedeutung von Reinheit, Harmonie und Respekt vor der Natur sind. Die alten Japaner waren stärker mit dem Göttlichen verbunden und daher im wahrsten Sinne des Wortes glücklicher.

Modernes Japan: Da Japan wie die westliche Welt modernisiert wurde, florierte die japanische Wirtschaft. Und die Menschen in Japan begannen, in materieller Hinsicht sehr wohlhabend zu werden. Während sie den materiellen Überfluss genossen, begannen die Menschen, insbesondere die jungen Generationen in Japan, eine stärkere Trennung von der spirituellen Welt zu leben. Genau wie in der westlichen Welt: mit der zunehmenden materiellen Zufriedenheit und Genügsamkeit begannen viele Japaner, sich auf Konkurrenzdenken und Erfolgsdruck zu konzentrieren. Das führte zu noch mehr Leere in ihrem Inneren. Und sie begannen, unter Angstzuständen und Depressionen zu leiden.

Mangel an Spiritualität und mehr Individualismus: Japan gilt als buddhistisches Land, allerdings praktizieren nur sehr wenige den Buddhismus und viele Menschen haben keinen Bezug zur Göttlichkeit und lernen nichts über Spiritualität in diesem Land.

Viele junge Generationen individualisieren sich immer mehr und trennen sich immer mehr von der Gesellschaft und der Gemeinschaft. Da viele nicht über die Weisheit der spirituellen Identität verfügen „Wer bin ich?", tragen viele Menschen in diesem Land Masken und versuchen, es anderen recht zu machen und leben ihr Leben nicht nach ihrem wahren Lebenszweck. Aufgrund dieses Mangels an spiritueller Weisheit haben viele Menschen den Purpose of Life verloren – ein äußerst interessantes Konzept der japanischen Happiness.

(Dr. Fuyuko Takita/Universität Hiroshima)

Hinzufügen möchte ich, dass in Japan wenig Gefühle gezeigt werden. Sie werden unterdrückt. Es gilt Emotionen – besonders negative – zu vermeiden und das Gesicht zu wahren. Hierzu ein Beispiel: Eine sehr grosse Firma hatte ein neues Bürogebäude erstellen lassen – mit Fitness-, Relaxing-Raum, usw. sowie einen Raum, der vollkommen separat und mit dicken Wänden versehen war. Er sollte den Mitarbeitern dafür dienen, ihre aufgestauten Aggressionen, ihre Wut usw. in diesem Raum loszuwerden. Es zeigte sich jedoch, dass kein Mitarbeiter diesen Raum nutzte.

Das bedeutet: Japaner halten an ihren Emotionen fest und lassen sie nicht hinaus. Das hat mit der Kultur zu tun – Ehrerbieten gegenüber dem Älteren und keine wahren, ehrlichen Gefühle zeigen.

Kann ein Mensch happy werden, indem er seine wahren Gefühle nicht zum Ausdruck bringt? Und ist das Verbundenheits-Gefühl mit etwas Grösserem nicht wichtig, um sich glücklich zu fühlen?

Ganz anders ist die Gefühlslage in den südwestlichen Ländern der Welt – in Spanien, Italien und Lateinamerika. Da zeigt man seine Gefühle. Doch ist man dadurch glücklicher? Nicht unbedingt, sofern man nicht an einer Quelle angebunden ist, wie in der Einführung geschrieben.

Christina Carvalho-Pinto, Filmproduzentin aus Sao Paulo und international ausgezeichnet im Bereich der transformativen Medien, die Kreativität und Bewusstsein vereint, habe ich das 3. Mal auf dem Retreat in Mt. Abu getroffen. Sie schreibt:
„Brasilien ist ein gigantischer Schmelztiegel von Völkern und Kulturen aus allen Teilen der Welt: von unseren Ureinwohnern bis zu Deutschen und Japanern, von Afrikanern bis zu Chinesen, von Italienern bis zu Portugiesen, von Spaniern bis zu Franzosen und Holländern und vielen anderen.
Das Ergebnis dieser faszinierenden Mischung ist eine brasilianische Seele mit einzigartigen Eigenschaften. Freude, Flexibilität, menschliche Wärme, Kreativität und Belastbarkeit leben auf spürbare und originelle Weise in uns.
Sind wir nun glücklich? Die jüngste Forschung zeigt, dass 83 % der Brasilianer sagen: „Ja, ich bin glücklich". Andererseits: Wie tiefgreifend ist diese Antwort in einem Land, in einer Welt, die so von Schatten geprägt ist?
Ja, unsere brasilianische Natur ist Freude und Glück, aber in den Unternehmen leiden Menschen auf allen Hierarchieebenen an Burnout, Depressionen und anderen psychischen Störungen. Depressionen, Angstzustände und Selbstmord nehmen bei Kindern und Jugendlichen unerwartet zu.

Überall auf der Welt haben (und tun) die mächtigsten Entscheidungsträger alle Warnungen vor dem Klimawandel ignoriert, und so erleben wir jetzt das Zeitalter des Klimawandels.

Trotzdem bin ich glücklich und ich weiß, dass auch Du, Rafael, glücklich bist. Wir – und so viele andere – betrachten diese Zeit als eine großartige Gelegenheit, Glück zu verbreiten. Es ist kein Symptom der Entfremdung. Es ist eine reine Erinnerung daran, woher wir kommen und zu wem wir gehören. Seelenbewusstsein führt uns dazu, das zu fühlen und zu teilen, was die Menschen am meisten brauchen: Liebe und Frieden, den wahren Weg zum Glück."

Wir dürfen natürlich die Bevölkerung in jedem Land nicht über einen Kamm scheren. Es gibt selbstverständlich Ausnahmen, die tief in ihrem inneren Zustand, d.h. auf einer höheren Bewusstseinseben sind. Zum einen hatten wir in unserem Retreat einen Mönch aus Durban/Südafrika, der ein tiefes inneres Wissen über viele Jahre aufgebaut hat und mit sich und seiner Welt um sich herum sehr zufrieden ist.

Zum anderen wurde ich von einer sehr weisen und erfahrenen Journalistin auf dem Retreat auf ein Beispiel in Nepal aufmerksam gemacht: Matthieu Ricard. Er ist ein Buddhistischer Mönch, Schriftsteller, Fotograf, der für seine Happiness bekannt ist. Er hat seine wissenschaftliche Karriere aufgegeben, um Tibetischen Buddhismus zu praktizieren. Er lebt im Himalaya.

Wir brauchen nicht so weit und nicht so hoch zu fahren, um happy zu werden. Es reicht unser Inneres zu transformieren. Die Zeit dafür ist reif.

„Happiness" ist nicht nur ein Wort, sondern es ist eine neue Bewegung in der Welt – eine Welt, die so voller Sorgen, Ängsten, Leid und Trauer ist. Die Welt bzw. die Menschen brauchen Happiness, Zuversicht und den Blick auf eine neue, schönere Welt – voller Frieden, tiefer Erkenntnis sowie Einsicht und Bewusstsein.

Was ist Happiness? Happiness ist die Verbundenheit mit der Natur, die liebevolle Verbundenheit mit anderen Menschen, die Verbundenheit von sich selbst mit einer höheren Instanz. Auch das Gespräch mit dem Direktor des Global Hospitals in Mt. Abu hat dieses bestätigt. Wenn wir das Leben – unser Leben – mit anderen Augen und mit tiefer Erkenntnis ansehen, dann fühlen wir uns glücklich – auch wenn das Leben dann enden sollte.

Was gehört zum Erreichen von Happiness dazu? Meditation – also das Hineintauchen in unser ureigenes Selbst und das Empfangen von Botschaften, Erkenntnissen, Wegweisern und Lösungen zu Themen unseres Lebens.
Ferner dürfen wir unsere Gefühle zum Ausdruck bringen und nicht zurückhalten oder verstecken. Damit machen wir uns frei von unserem inneren Korsett.

Und wir dürfen auf andere Menschen zugehen und mit ihnen einen Kontakt aufbauen, und in Zukunft eine Community gründen. Menschen in vielen unterentwickelten Länder sind deshalb etwas glücklicher, weil sie einen Bekanntenkreis unter ihresgleichen haben und in engem Kontakt sind. Das ist in hochentwickelten Ländern weniger der Fall. Dafür gibt es heute Social Media, was aber eine persönliche und gefühlsvolle Verbindung zwischen Menschen nicht ersetzt.

„Und wir dürfen unsere Gedanken in positive Richtung lenken. Setze positive Gedanken in den Samen. Lass den Samen wachsen. Dann kommen Positives zum Vorschein."

2. Kapitel: Gedanken zur Heiterkeit, Lachen und Leichtigkeit

Wie schön ist es heitere Menschen zu sehen und zu beobachten. Sie sind gelassen, entspannt und leicht durch den Tag schwebend. Mein Herz erfreut sich jedes Mal.

Heiterkeit ist eine grundsätzliche Sichtweise auf die Welt, auf uns selbst und andere, auf Leben und Tod. Es geht dabei um unsere Einstellung zum Leben.
Die Heiterkeit leugnet den Ernst der Welt nicht. Sie nimmt ihn auf und verwandelt ihn. „Humor ist einfach eine komische Art, ernst zu sein", sagte einst Peter Ustinov.
Und Sigmund Freud: „Es gibt auf dem Lebensweg Abzweigungen, an denen man sich entscheiden kann, nicht die Route der Kümmernis zu nehmen, sondern die des Lachens, oder besser: des Lächelns. Die richtige Entscheidung zu treffen, sich gegen das Leiden am Leben zu entscheiden, ist eine grosse Leistung."

Humor ist die Fähigkeit sich von den Traumata zu befreien, die man als Kind durch die Eltern erfahren hat. Man blickt auf sich selbst aus einer erhöhten Position herunter und lächelt liebevoll über sich – über die eigenen Dummheiten, Verfehlungen und Taten. Denn der dominante, angstmachende Druck des Vaters war für das Kind ein Trauma. Vielen Menschen ist aus diesen und anderen Gründen die Heiterkeit und das Lächeln verloren gegangen. Es ist fast wie eine Begabung, diese eine neue Sichtweise auf die Welt und sich selbst wiederzuerlangen.

Denn unser Denken ist auf Besitz und Konsum konzentriert. Erst wenn wir uns von der Fixierung auf den Besitz verabschieden und die Angst ablegen, ihn zu verlieren und eine neue Sicht auf das Leben vornehmen, könnte etwas mehr Heiterkeit aufkommen.
Aber in uns ist immer noch die Botschaft unserer Eltern und der Gesellschaft: Sei fleissig und leiste viel. Die Botschaft hiess nie: Sei heiter!

Heiterkeit kann man nicht als Pille einnehmen und nicht bei Amazon bestellen oder als Seminar buchen. Und es reicht nicht einen Ratgeber zu lesen.

In der antiken Philosophie gibt es den Begriff „eudaimonia", der mit Glückseligkeit übersetzt wird, was nicht richtig ist. Alle Auseinandersetzungen zwischen den antiken Philosophen drehten sich um den Weg zur „eudaimonia". Eine wichtige Rolle auf den Weg dorthin spielte die Seelenruhe. Sollte man sich der Arbeit widmen oder dem Genuss oder der Bescheidenheit? Seneca sagte: „Die Erwartungen an das eigene Leben herunterschrauben; nicht am Leben zu hängen. Es ist besser das Leben zu belachen als es zu beweinen. Also keine Selbstüberforderung, frei sein von Erwartungen, nachsichtig sein anderen gegenüber und sich selbst."

Wie können wir es schaffen, im wirklichen Leben heiter zu sein
– Leichtigkeit in uns selbst zu schöpfen? Antwort: Wir müssen
nicht immer lachen. Aber wir können lächeln und uns in
alltäglichen Freundlichkeiten üben, können anderen zuhören.
Und wir können andere unser Interesse, Neugier,
Zugewandtheit, Wohlwollen, Trost schenken. Und somit das
Leben als das ansehen, was es auch ist: ein Spiel.
Wichtig sind das Lächeln, das Freundlichsein, das Hinnehmen
der Dinge, die Verwandlung, die Leichtigkeit, die Milde, Güte und
der Gleichmut.

Nachstehend einige Gedanken zum Thema Happiness:

1. Das Leben besteht aus Freude + Happiness. Doch führen
die Arbeit und das Geld zur Happiness? Nein!
Seit 2.000 Jahren erzählen uns die Eltern und die Gesellschaft,
wir sollen lernen + studieren, um einen Job zu haben
und unseren Lebensunterhalt zu verdienen.
Seit 2.000 Jahren lehren uns die Kirche und alle Religionen,
zu arbeiten, um zufrieden zu sein.
Aber niemand hat uns gesagt, wie man im Leben glücklich wird.
In der Schule zu lernen, an Universitäten zu studieren und
in einem Job zu arbeiten, macht uns nicht glücklich.
Und Geld verdienen macht uns auch nicht glücklich.
Was macht uns glücklich? Die Antwort ist hier – **im Herzen**.
Es ist Zeit, unser Bewusstsein und unsere Überzeugungen
zu ändern und in die Happiness zu gehen – im Leben,
bei der Arbeit und mit Geld.

2. Wir sind auf Erden, um unsere Erfahrungen zu machen –
unsere Seele möchte gute + nicht so gute Erfahrungen machen.
Wir sind nicht auf Erden, um uns am Geld und Ego festzuhalten.
Diese Anhaftung dürfen wir jetzt loslassen und in die Freude
gehen.
Und die Freude kommt aus einer Quelle, die ganz tief in uns sitzt.
Wir sind verbunden mit einer Quelle, die immer da ist und die
uns nährt. Lasst uns diese Quelle spüren.
Wenn man nichts mehr im Leben hat (alles Materielle ist uns
genommen), dann bleibt etwas, das weitaus wertvoller ist als
alles Materielle. **Es ist unsere Verbindung zur Quelle**. Und das
bringt uns in die Freude.
Einige Menschen in ärmeren Ländern tragen diese Weisheit in
sich. In ihren Gesichtern ist Liebe und Freude zu erkennen.

3. Können wir wahre Fröhlichkeit und Freude mit Geld kaufen?
Können wir den Schutz gegen Krebs oder Demenz mit Geld
kaufen? Können wir Geld beim Ableben mitnehmen? Die
Antwort lautet: Nein!
Wir dürfen also unseren bisherigen Fokus auf das Geld neu
denken. Unsere Anhaftung an das Materielle ist nicht mehr
zeitgemäß. Und der Glaube, dass „Geld glücklich macht", erst
recht nicht.
Wir dürfen die Lebensfreude. Leichtigkeit und Unbeschwertheit
in unserem Inneren finden und nicht im Außen.

4. Wenn wir in der Fröhlichkeit und Freude (und nicht in der
Angst) sind, dann werden all unsere früheren, negativen

Handlungen geheilt und ganz besonders unsere Körperzellen, die vielleicht von Krebszellen befallen sind. Die negativen Zellen werden abgestoßen und es wachsen neue, positive Zellen.
Die Freude ist die größte transformative Kraft. Sie heilt alles.

5. Angst ist das größte Hindernis in der heutigen Zeit und gleichzeitig eine Herausforderung für jeden von uns. Unsere Gedanken kreisen ständig um die Angst – Angst vor Verlust vom Arbeitsplatz oder sozialem Status, Angst vor Versagen oder finanziellem Verlust. Wir dürfen die Angst durch Liebe ersetzen. Wenn wir in der Freude sind, was synonym für Liebe steht, dann haben wir keine Angst mehr.

6. Viele Menschen sorgen sich um unterschiedliche Dinge. Diese sorgenvollen Gedanken bestimmen unsere Gefühle. Durch eine neue Sichtweise – eine neue Perspektive – kommen wir aus den Gedanken heraus. Transformation geschieht!
Wir dürfen also auf unsere Gedanken achten – nur positive Gedanken haben, u.a. durch Verzicht auf Nachrichten, Medien, Stress, Sucht, Ego und uns an kleinen Dingen erfreuen: die Sonne, die Natur, das Lächeln von Mitmenschen, die Liebe unserer Kinder.

7. Um Angst und Sorgen loszuwerden, hilft es, dass wir uns von der Vergangenheit verabschieden. Wir dürfen alte Gedanken und Emotionen hinter uns lassen. Sie halten uns zurück, in unserer Kraft und Energie zu kommen. Nur wenn wir die Vergangenheit loslassen, eröffnet sich eine neue Zukunft.

Du hast den Mut, altgewohnte Pfade zu verlassen und neue Wege zu gehen – Pionier und Vorreiter zu sein. Schwinge Dich auf eine neue Frequenz ein – in eine neue Leichtigkeit und Freude.

8. Wir dürfen heute das Leben und alles drum herum als Ganzes sehen. Denn alles ist mit allem verbunden. Und deshalb dürfen wir heute Danke sagen.
Wir dürfen Danke sagen zu allen negativen Erfahrungen in unserem Leben. Denn wir wollten diese Erfahrungen erleben. Jetzt haben wir sie erlebt. Und somit ist das Kapitel abgeschlossen.
Ein neues Kapitel kann beginnen – eine neue Sichtweise, ein neuer Lebens-Beginn – der Start in eine neue Welt. Welcome!!!
Und wir dürfen Danke sagen für all die positiven Erfahrungen, die unsere Seele erleben wollte. Was für eine Freude! Was für ein Reichtum.

9. Wir dürfen heute Frieden machen – mit uns, unseren Eltern und Vorfahren. Wir dürfen ihnen verzeihen/vergeben und uns mit ihnen versöhnen.
Wir tragen viele Wunden in uns – Wunden, die von unserer Familie/Vorfahren und aus unserer Kindheit stammen.
Wir dürfen verstehen, dass auch unsere Eltern und Großeltern diese Wunden erlitten haben und tragen. Und was immer geschehen ist in unserer Kindheit: Auch unsere Eltern und Großeltern haben Schicksale erlitten. Und wir tragen diese in unserem System. Sie dürfen jetzt geheilt werden.

10. Wir dürfen heute ins Vertrauen kommen. Die Welt und die Menschen sind ohne Vertrauen. Habe keine Angst. Es gibt etwas Größeres, das uns führt. Mit unserem winzigen Verstand können wir das Größere nicht wahrnehmen. Aber es ist da. Wir sind an etwas Höherem angebunden. Es ist eine Verbundenheit da.
Und daher dürfen wir Vertrauen und keine Angst haben. Wenn wir im Vertrauen sind, können wir auch loslassen. Nur wer Angst hat, hält fest und lässt nicht los.

11. Die Welt steht jetzt vor einer Weggabelung und der Mensch vor einer Entscheidung. Er hat die Freiheit zu entscheiden, ob er den einen oder anderen Weg geht.
Der eine Weg ist das Festhalten am Alten – dem Geld, dem Arbeitsplatz, dem Materiellen und damit die Angst um den Verlust des Alten; und es ist der Kampf.
Oder er entscheidet sich für die neue Welt – ohne Angst, ohne Kampf, ohne Festhalten – einfach im Heute lebend und Vertrauen in Morgen habend – in der Fröhlichkeit, Leichtigkeit und Freude zu sein und die neue Welt mit innerem Auge „sehend".
Die alte Welt führt ins nichts. Die neue Welt führt in den Aufstieg von Mensch & Erde, in die Heilung und in den Frieden.

12. Das Streben nach „immer mehr" führt zu keiner Fröhlichkeit und Gesundheit. Wir dürfen unser Glücklichsein und unsere Freude nicht mehr an äußeren Dingen festmachen, sondern sie in uns suchen und finden.

Ein anderer Blick auf uns und unser Leben – unser Umgang mit Mensch, Natur und Ressourcen verändert uns und die Welt.
Und darum geht es: Wir alle möchten eine schönere Welt für uns, unsere Kinder und Enkel erschaffen. Wie kommen wir dahin? Es darf zunächst etwas in unserem Inneren geschehen. Wir dürfen an uns arbeiten. Die Veränderung beginnt in unserem Inneren: mehr Herz, Liebe, Menschlichkeit.

13. Wenn wir fröhlich und in Freude sind, werden unsere Beziehungen zu Tätern, Feinden und Familie geheilt. Dann sehen wir sie als Freunde an und machen mit ihnen gemeinsame Projekte, die zur Freude führen.
Es ist also ein Kreislauf: Wenn wir in Freude sind, kommt Freude zu uns zurück. Und wir können andere Menschen inspirieren, um-zu-denken und in die Freude zu gehen.

14. Stelle Dir eine Situation vor, wo Du unglaublich glücklich warst. Erinnere Dich an eine Situation z.B. als Kind, wo Du am Strand gespielt hast. Die Sonne scheint, die Wellen plätschern. Es sind andere Kinder da. Sie haben Eimer, Schaufel, Sieb und andere Spielsachen. Du näherst Dich. Ihr spielt zusammen, baut eine Burg und, benutzt die Spielsachen.
Am Abend gehst Du mit Deinen Eltern nach Hause. Es war ein schöner, glücklicher Tag. Wolltest Du die Spielsachen mitnehmen? Nein! Sie waren zum Benutzen da – für alle!
Wir brauchen unserem Ego nicht durch Besitztum schmeicheln.

15. Stelle Dir eine neue Situation vor, wo Du glücklich warst – vielleicht als Jugendliche oder Erwachsene. Du warst verliebt. Was haben die Glücksgefühle mit Dir gemacht? Spielte in dem Moment materielle Dinge eine Rolle? Oder Deine Ausbildung, Dein Job, Dein Auto, Deine eigene Wohnung? Warst Du happy? Warum? Aufgrund Deines Verliebtseins oder aufgrund des Besitzes von materiellen Dingen?

16. Was brauchst Du, um happy zu sein? Ein Auto *(das ist ja nur zum Benutzen da, um von A nach B zu kommen. Es ist kein Gegenstand, der einen Menschen happy macht – auch ein Ferrari nicht).*
Was brauchst Du, um gut schlafen zu können? Ich brauche Ruhe!
Brauchst Du dafür eine Eigentumswohnung?
Brauchst Du eine luxuriöse Küche, um gutes und gesundes Essen zuzubereiten?
Ich brauche Menschen um mich herum. Dann bin ich happy.
Brauche ich eine große Wohnung dafür? Nein!
Ich brauche Schönheit. Und die hole ich, indem ich z.B. mit dem Zug unterwegs bin und die Landschaft mit dem saftigen Grün an Wiesen, gelben Blumen, Bergen, Seen beobachte und mich mit freundlichen Mitfahrenden unterhalte.

17. Muss ich alles besitzen: Auto, Haus, Rennpferd, Motor/Segelyacht, Ferienwohnung, um Freude zu haben? Nein! Die Dinge kann ich ohnehin nicht mitnehmen, wenn ich die Erde verlasse.

Ich brauche einige von den Dingen zum Leben. Ich brauche sie zum **Benutzen**, aber auch zum **Besitzen**? Bin ich dann glücklicher, wenn ich sie besitze?
Evtl „ja", weil aus der Kindheit das Gefühl da ist: Nur wenn ich Dinge besitze, dann kann ich mich gut fühlen. Das ist dann ein psychisches Problem!

18. Wenn wir fröhlich und in Freude sind, dann wächst auch das Geld. Denn unsere bisherigen negativen Handlungen mit Geld werden eliminiert. Und neues Geld kommt zu uns.
Und dann setzen wir es in Dinge ein, die uns (unserem Herz) und der Welt dienlich sind, und nicht nur einen monetären Gewinn abwerfen, sondern in erster Linie einen immateriellen Gewinn: Freude – Freude zu sehen, wie das Investment wächst – ob auf dem Feld oder im Menschen.

19. *Wir haben gehört: Wenn wir in der Freude sind, wächst auch das Geld. Hier eine Metapher:*
Wenn wir einen Baum pflanzen, ein neues Projekt angehen, eine neue Liebe finden, etc. und wir ganz viel Herz, Liebe und Spirit in die Wurzel/Erde geben, dann wächst und blüht der Baum, die Pflanze, das Projekt, das Investment, das Geld. **Denn mit unserem höheren Bewusstsein wächst alles, worin wir es einsetzen.**
Die Rendite ist eine ganzheitliche: nicht nur materiell, sondern auch immateriell: **Lebensfreude, Gesundheit, Freude, Begeisterung, Leichtigkeit, Lebenssinn.**

20. Was haben Geld & Leichtigkeit miteinander zu tun? Nichts! Nur wenn wir Geld anders ansehen, dann kommt Leichtigkeit ins Spiel. Doch wir Menschen sehen Geld als „schwer" an. Und es ist kalt. Es fühlt sich nicht warm an. Wenn wir aber lachen und uns freuen, so freut sich auch das Geld.

Wenn wir in die Leichtigkeit kommen wollen, dann dürfen wir Geld fröhlich ansehen. Dann kommt es mit Leichtigkeit und mit Freude zu uns. Denn wir geben dem Geld **Wertschätzung**.

Geld möchte „gesehen" und „beachtet" werden - also als Energie wahrgenommen werden. Dann kommt es zu uns zurück – auch vielfach.

21. Das Wichtigste im Leben: **mentale Gesundheit und Zufriedenheit**. Zufriedenheit ist die Voraussetzung für mentale und emotionale (und seelische) Gesundheit. Wenn wir im Inneren zufrieden sind, dann brauchen wir im Außen nicht so viel Besitztum anzuhäufen.

Wie erreichen wir die Zufriedenheit?

Es geht um das Zusammenwachsen
von inneren und äußeren Werten,
dem Inneren und Äußeren,
dem Materiellen und dem Spirituellem,
der männlichen und weiblichen Energie,
dem Einzelnen und der Gesellschaft,
der linken und rechten Gehirnhälfte.

Somit kommt ein Gleichgewicht (Yin/Yang) zustande. Und somit wird Ausgeglichenheit geschaffen – in dem Menschen und unter den Menschen. Es kommt zu Harmonie.

Durch das Zusammenwachsen kommen Menschen in ein höheres Bewusstsein. Das Ergebnis unseres Wandels und unserer neuen Sichtweise ist: **Happiness, Freude, Sinn, Zufriedenheit und damit Gesundheit.**

22. Fazit: Die Quelle der Gesundheit und Heilung liegt in uns. Diese Quelle und damit das Glücklichsein erfahren wir **durch die Erkenntnis über uns selbst** sowie durch den Fokus auf unseren inneren Reichtum anstatt auf den äußeren. Dieser neue Geist sowie ein gesundes Lebensverhalten führen zum Glücklichsein. Wenn wir Licht (= höchste Frequenz) und Liebe und Leichtigkeit in unser Leben integrieren, erschaffen wir Fröhlichkeit, innere Zufriedenheit und Gesundheit.

23. Um einen Erfolg für die mentale und spirituelle Gesundheit verbuchen zu können, bedarf es also einer **tiefgreifenden Veränderung in der Denkweise der Menschheit.** Wir dürfen lernen, gesund zu leben, u.a.:
- kein Streben nach „mehr" (mehr Konsum, mehr Gewinn..)
- keine Anhaftung ans Ego und materieller Werte
- keine Mobile-Phone (News) oder anderer Süchte
- kein Stress (in Familie, am Arbeitsplatz, in Bahn/Auto)
- keine schlechte Ernährung (Salz, Zucker, Fast Food)
- viel körperliche Bewegung in der Natur
- viel Schlaf
- gute, positive Gedanken
- Meditation jeden Tag
- Ständiges Lächeln

24. Wie bin ich in die Fröhlichkeit und Freude gekommen? Wie bin ich in die innere Glücklichkeit gekommen? **Durch Loslassen vom Ego, vom Materiellen und der Suche nach Anerkennung sowie äußeren Erfolg**; durch Dankbarkeit über das Erlebte; durch Vergebung; durch Meditieren; durch gesunden Lebensstil, usw.

Es gibt kein Rezept. Man muss es erleben und fühlen.
„There is no road to happiness. Because HAPPINESS is the road.
Es gibt keinen Weg zum Glück. Das Glück ist immer der Weg."

3. Kapitel: Entdecke die Kraft in Dir

Du bist auf die Welt gekommen, um dabei zu helfen, dass wir alle in ein höheres Bewusstsein kommen. Dafür gilt: in die Stille gehen und die innere Arbeit machen!
Es geht im Moment gar nicht so viel darum, große Schritte im Außen zu tun. Sondern erst einmal, die inneren Prozesse zu durchschreiten. Und hier geht es darum, ganz und gar in deine eigene Kraft zu kommen. Unabhängig davon, was gerade im Außen los ist.

Mache dich frei, von allem, was dich noch davon abhält, in deiner Kraft zu sein.
 - Wo hast du noch Begrenzungen?
- Wo hast du noch Glaubensmuster, die dich klein machen?
- Wo hängen noch andere Menschen an dir, die dich davon abbringen, wirklich in deine Kraft zu kommen?
- Welche Verhaltensmuster hast du noch, die jetzt einfach nicht mehr stimmig sind und dir nicht mehr gut tun (zu viele negative Nachrichten gucken, schlechte Ernährung, schlechte Lebensgewohnheiten)?

Das Leben zeigt dir gerade ganz deutlich auf, wo du dich noch bewegen musst. Die alten Wege funktionieren nicht mehr. Also öffne dich jetzt für die neue Energie, die in dir und durch dich auf diese Welt kommen möchte!

Deine reine Seelenenergie, deine reine Urkraft - die Kraft, die alles verwandeln mag - ist in dir. Nur hast du die Türen zu ihr verschlossen. Jetzt ist der Zeitpunkt, die Türen wieder zu öffnen und wirklich in deine ureigene Kraft zurückzukommen. Unabhängig davon, was im Außen passiert. Und ganz unabhängig davon, was andere Menschen in deinem Umfeld machen oder nicht machen.

Es geht um dich. Es geht um deinen Weg. Es geht um deine Kraft. Hab den Mut, neue Wege zu gehen. Wege, die vielleicht noch niemand vor dir gegangen ist. Die aber jetzt gegangen werden möchten!

(Text von Henrike Pelaez)

Die Zeichen stehen immer mehr auf Veränderung. Was brauchst du alles nicht mehr in deinem Leben (vielleicht alte Gedankenmuster, negative Emotionen, die noch losgelassen werden wollen; Menschen, die dir nicht mehr guttun; Lebenssituationen, die verändert werden möchten) und was möchtest du alles einladen (vielleicht mehr Freude, Menschen mit positiven Schwingungsfeldern, neue Projekte, die dir und der Welt helfen)? Mache dir hierzu einmal Gedanken.

Mehr denn je ist ein Umdenken erforderlich. Es ist an der Zeit, alte Verletzungen loszulassen und zu deinem authentischen Sein zu erwachen. Frage dich: wer bin ich wirklich - wer bin ich, bevor die Welt (Eltern / Gesellschaft) angefangen hat, mich zu "programmieren", bevor ich mich verstellt habe, um meinen

Eltern, der Gesellschaft zu genügen? Wie ist mein "authentisches Ich"?

Jede Veränderung beginnt in uns. Ich lade dich ein, mit mir zusammen aus deiner Komfortzone herauszukommen. Alte Gedanken- und Emotionsmuster hinter dir zu lassen. Und hierfür vor allem: deine Vergangenheit loszulassen. Nicht das Gute. Aber das, was dich zurückhält, in DEINER Kraft und ganz authentisch in DEINER Energie zu sein. Nur wenn wir die Vergangenheit loslassen, kann sich uns eine gänzlich neue Zukunft eröffnen. Und diese brauchen wir so dringend auf dieser Welt. Heraus aus alten (Reaktions-)Mustern, hinein in eine neue Leichtigkeit und Freude. Und hierzu bedarf es Mut. Mut, altgewohnte Pfade zu verlassen und neue Wege zu gehen. Pionier und Vorreiter zu sein. Schwinge dich auf eine neue Frequenz ein, erschaffe neue Perspektiven und erlaube dir, jeden Tag mehr in deiner ureigenen Kraft zu sein!

Gemeinsam schaffen wir es, das Vergangene hinter uns zu lassen und eine neue Zukunft für uns alle zu gestalten. Es beginnt alles stets mit der Erkenntnis, etwas im Leben verändern zu wollen. Zu wissen, was man loslassen möchte und stattdessen einladen möchte. Deshalb stelle dir in aller Ruhe einmal die oben aufgeführten Fragen.

Sodann fasst man innerlich eine kraftvolle Absicht, die dafür dient, sich neu auszurichten. Z.B.: „Ich habe die Absicht, mich in diesem Jahr von meinen Ängsten und Begrenzungen zu verabschieden, um meine Potenziale zu aktivieren und eine neu gewonnene Freiheit zu erleben. Hierfür möchte ich mich mehr mit positiven Menschen umgeben, die mich inspirieren und mir helfen, in meiner Kraft zu sein."

Und jetzt kommt der wichtigste Teil: die tägliche innere „Arbeit". Ja, man darf täglich etwas dafür tun, damit die positiven Veränderungen auch eintreten können. Was du tust, hängt stark von deiner Absicht ab. Da jede Veränderung im Innen beginnt, wäre es optimal im Innen zu schauen: was kann ich tun, um in guten Energien zu sein? Was hilft mir, in meine Kraft zu kommen? Und hier gibt es unendlich viele Möglichkeiten: Spaziergänge, Mantras singen, meditieren, Nachrichten- und Medienfasten machen, auf Seminare gehen, um sich inspirieren zu lassen, heilsame Musik hören, lachen, tanzen, singen...

Ich glaube an eine neue Welt. Ich glaube daran, dass genau jetzt die richtige Zeit ist, das Alte hinter uns zu lassen und endlich wieder in unsere Urkraft zu kommen. Und je mehr Menschen den Mut haben, diesen Weg zu gehen, sich von alten Gedanken- und Emotionsmustern zu lösen, die Vergangenheit loszulassen, um herauszufinden, wer sie wirklich sind und was alles noch in ihnen steckt, desto schneller wird eine positive Veränderung auf dieser Welt sichtbar werden.

(Text von Henrike Pelaez)

Wir tragen alle eine wunderschöne Seelenfrequenz in uns. Doch haben wir uns so in die weltlichen Verstrickungen ver-wickelt, dass wir das, was wir wirklich sind, vollkommen vergessen haben.

Es kommt derzeit so viel neue Licht auf die Welt und damit ungeahnte Möglichkeiten. Nie war es so einfach wie jetzt, alle Limitierungen hinter uns zu lassen. Es geht darum, in eine neue und eigentlich uralte Schwingungsfrequenz zu kommen. Nicht mehr die alten Rollen und Geschichten sowie Konzepte wahr zu machen, sondern ganz und gar mutig neue Wege zu gehen. DEINE Wege!!!!

Stelle alles in Frage, was du für wahr hältst, denn es darf jetzt seine Gültigkeit verlieren und es darf sich eine neue, höhere Wahrheit zeigen! Werde leer – nur so kann Neues kommen. Und dann schau, was aus dieser Leere heraus durch dich auf die Welt kommen mag!

Wie viele Konzepte, Rollen und Identifikationen tragen wir mit uns rum, die eigentlich gar nicht zu uns gehören? Irgendwann wurde uns erzählt, wie wir sein sollen (um von den Eltern geliebt zu werden oder in die Gesellschaft / Schule zu passen) und wie wir nicht sein sollen. Uns wurde der Mund verboten, wenn wir „vorlaut" waren und wir wurden aufgefordert, etwas „zu werden" (wodurch wir aus dem reinen Gefühl des „genug Seins" rausgeworfen wurden). Meine Großmutter bestand immer darauf, dass ich brav sei, diplomatisch und adrett. Aber im

Wesenskern war ich wild, verspielt und direkt :) Welche Eigenschaften waren es, die in dir unterdrückt wurden?

Traust du dir zu, wirklich zu deiner Wahrheit zu stehen? Oder hast du Angst dich zu zeigen? Weißt du überhaupt noch, was deine Wahrheit ist? Wer du bist und was dich in deinem Kern ausmacht?

Welche Rollen (einer Frau / Mann, Mutter / Vater, Mitarbeiter(in) etc.) hast du eingenommen, die in dieser Form gar nicht deinem Wesenskern entspricht? Ist all das, was wir gelernt haben, womit wir uns identifizieren, wirklich wahr?
Was ist es, was du wirklich auf diese Welt bringen möchtest?

„Wenn du etwas tust, was du auch ohne Geld tun würdest, und damit erfüllt bist, aber das so gut machst, dass andere bereit sind dafür zu bezahlen, dann ist das ein Indiz dafür, dass du deine Lebensaufgabe gefunden hast!"
Was das ist... diese Antwort liegt allein in dir... und finden wirst du sie nur, wenn du alles ablegst, was du nicht bist und in die Stille gehst!

Lass uns für einen kleinen Moment all diese Rollen, Konzepte, Vorstellungen und Identifikationen vergessen. All dies ist nicht das, was wir wirklich sind. Lass uns Schicht für Schicht ablegen, Mauer für Mauer (wir haben durch die vielen Verletzungen Schutzmauern / Herzensmauern gebaut) abbauen und herausfinden, wer wir wirklich sind. Ganz frei. Ganz authentisch.

Ganz echt. In diesem Fall ohne Rücksichtnahme. Denn diese Art der Rücksichtnahme führt nur dazu, dich weiter zu beschränken. Findest du zu deinem wahren Kern, so hast du automatisch mehr Liebe. Mehr Freude. Mehr Kraft. Und mehr Frieden. Für dich und deine Mitmenschen!

Aber lass dich nicht weiter zurückhalten von Menschen, die anders schwingen als du. In deren Beisammensein du deine Schwingung zurücknehmen musst, dein Licht klein machen musst. Es ist die Zeit, aufzuwachen. Dich an deine hohen Schwingungsfelder zu erinnern - und wieder authentisch du zu sein. So wirst du deine kleine Welt - aber eben auch die Welt im Großen verändern.

Die Zeit der kleinen Schritte ist vorbei. Hab den Mut, die großen Dinge auf die Welt zu holen. Und hier beginnt die Arbeit stets im Innen: wir bauen unsere inneren Begrenzungen und Einschränkungen ab - dadurch eröffnen sich neue (alte) Räume in uns und automatisch - wenn wir bereit sind die Egowünsche loszulassen - kann die Veränderung in unser Leben kommen, die jetzt für uns aber eben auch für alle anderen gebraucht wird!
Hab Mut, deine Begrenzungen & Egowünsche loszulassen und dann sieh, was alles in dir steckt!

(Text von Henrike Pelaez)

„Mut ist nicht die Abwesenheit von Furcht,
sondern der Triumpf über sie.“
Nelson Mandela

Du allein hast die Macht, die Erfahrung, die Liebe und das Können, dein Leben zu meistern. Die Kraft ist da. Sie ruht in deinem Inneren und wartet auf dein Erwachen. Fühle diese Kraft in dir. Spüre in dein Herz und deine Seele hinein und lasse deine Kraft aus dir hinaus fliessen. Suche nicht länger im Aussen. Du bist dir selbst genug. Und du findest in dir alles, was du brauchst. Vertraue deiner eignen Stärke. So findest Du

- Mut
- Gelassenheit
- Mitgefühl
- Geduld
- Überzeugungskraft
- Willenskraft.

Vertraue darauf, dass du es schaffen kannst.

Und öffne dich deinen Schatten, nicht um sie zu eliminieren, sondern um sie liebevoll zu betrachten und sanft zu beherrschen. Verwandle deine Schatten in Kraft. Du kannst sie wandeln, wenn du sie akzeptierst, respektierst und liebevoll annimmst. Uns kann nur etwas zerstören, was wir im Inneren ablehnen. Was wir als einen Teil von uns lieben und annehmen, wird uns stärken und schützen.

4. Kapitel: Die Herausforderungen zum Glücklichsein

Jeder möchte das Gefühl des Glücksempfindens, der Lebenszufriedenheit, Freude, Leichtigkeit, Enthusiasmus, Humor, Neugier, Kreativität, Spiritualität und Weisheit erfahren.

Die Wissenschaft sagt, dass der Mensch zu 80 % aus Emotionen besteht. Und die sind nicht immer positiver Art. Negative Gefühle haben im Allgemeinen einen schlechten Ruf. Wut kann zu Grenzüberschreitungen führen, Eifersucht Beziehungen zerstören und niemand möchte ständig von Menschen umgeben sein, die Traurigkeit und Schwere ausstrahlen. Diese herausfordernden Gefühle bleiben oft im Verborgenen, da es vielen Menschen schwerfällt, darüber zu sprechen. Doch negative Gefühle können wichtige Hinweise auf unsere Bedürfnisse geben.

Wir dürfen also lernen, uns unserer Gefühle bewusst zu werden und sie in den Griff zu bekommen. Sonst spielen sie mit uns Roulette oder tanzen Tango. Und wir dürfen lernen, über unsere Gefühle zu sprechen.

Ich konnte über meine Gefühle nicht sprechen, als ich Kind war und auch nicht als Jugendlicher. Erst nachdem ich in Lateinamerika angekommen war und eine lange Zeit dort gelebt habe und die Menschen auf natürliche Art erlebt habe, wie sie ihre Emotionen zeigen und ausdrücken, wurde ich offen. Auch ich begann meine Gefühle zu zeigen.

Später zurück in Hamburg sind mir dann meine Emotionen gegenüber meiner Familie bewusst geworden. Die unterdrückten Emotionen während meiner Kind- und Jugendzeit kamen nach und nach hoch. Es kamen Situationen in der Familie zum Vorschein und Provokationen, die bei mir Wut, Aggression, Groll und Trauer auslösten. Ich wurde runtergemacht, nicht gehört, ausgegrenzt, für blöd eingeschätzt – also nicht listig/hinterlistig, gierig und unmoralisch wie meine Familie.

Oder ich war über meine Kollegen oder meine Familie wütend, weil sie mir Unwahrheiten in den Weg legten. So konnte ich also weder vor meiner Lateinamerika-Zeit noch danach fröhlich und glücklich sein. Im 6. Kapitel schreibe ich näher zu diesem Thema.

Aber nicht nur die Situation in der Familie, sondern auch im Beruf und Leben hinderten manchmal mein Glücksichsein. Man hatte mir einen monetären Ausgleich für meine herausragenden Leistungen in der Bank nicht gewährt. Es war ein Kampf über sechs Monate. Ich war gereizt und aggressiv, konnte nächtelang nicht schlafen.

Viele Menschen stossen im Laufe des Lebens auf Themen, die das Glücklichsein herausfordern. Eines der Hindernisse ist der eigene Ehrgeiz. In der Kindheit und Jugendzeit kann der Ehrgeiz bereits in Aktion sein. Auf jeden Fall nimmt er seinen Lauf in der Ausbildung und nach Einstieg ins Berufsleben. Der Mensch möchte dieses oder jenes erreichen – eine höhere Position in der

Firma, mehr Gehalt, eine Wohnung, ein Auto, eine Familie gründen, mehr Urlaub, ...
Wenn die Wünsche nicht in Erfüllung gehen, dann werden einige Menschen unruhig, ärgerlich, gestresst. Und dann kann das Glücklichsein nicht in den Vordergrund treten.

Ein anderes Thema ist die Frustrationen, die auch ich sehr oft erleben durfte. Warum ist man frustriert? Es sind die nicht in Erfüllung gegangenen Erwartungen, die uns frustrieren, z.B. meine nicht erfüllten Erwartungen von Geschäftsabschlüssen, Gewinnung neuer Kunden, nicht erfüllte Kursgewinne oder Profite, kein Erfolg in der Liebe, usw.

Fazit: Wir müssen uns von Energien trennen, die uns nicht gut tun. Wir dürfen auch Glaubenssätze, die wir als Kind gelernt haben, hinterfragen und neu denken. Vieles, was wir im Erwachsenenalter an Problemen und Herausforderungen haben, kommt ursprünglich aus unserer Kindheit – unserer Erziehung, Erfahrungen, Eltern. Das geht hin bis zu kriminellen Handlungen. Ein Kind, das durch die Eltern häusliche Gewalt, sexuelle Misshandlungen oder andere traumatische Dinge erlebt hat, setzt sie evtl. im Erwachsenenalter in die Tat um.

Psychologische Erkrankungen im Kindesalter bedürfen einer Heilung, bevor sie zu Tätern im späteren Alter werden. Und wir müssen bereits in der Schule über diese Themen sprechen und Präventions-Massnahmen vornehmen. Auch hier geht es um eine Um- und Neudenke. Es geht nicht mehr darum, Symptome zu bekämpfen, sondern bei den Ursachen anzusetzen.

Wir dürfen heute jungen Menschen helfen, die – aufgrund ihrer Kindheitstraumata oder während der Zeit im Mutterleib – Dinge erleben mussten, die sie zu Wut, Aggressionen und Hass führten. Wir müssen vermeiden, dass sie später zur Waffe greifen und ihr Leid an anderen Menschen auslassen. Diese Menschen gehören psychisch betreut. Ihre Seele möchten vielleicht erleben, anderen Menschen das Leben zu nehmen. Wenn junge oder nicht mehr so junge Menschen zu Tatwaffen greifen und andere Menschen verletzen, dann stimmt etwas nicht in ihrem Inneren. Diese seelischen Probleme müssen behandelt und die Ursache herausgefunden werden.

Und wie zuvor geschrieben: Bereits in der frühkindlichen Phase muss angefangen werden, dieses zu beobachten und die Kinder und Eltern darauf aufmerksam zu machen. Später in der Schule muss über Konflikte in der Familie und über seelische Folgen gelehrt sowie Präventions-Massnahmen eingeführt werden, bevor es später zu Gewaltausbrüchen kommt.

Wir dürfen also der frühkindlichen Entwicklung und Zuwendung mehr Aufmerksamkeit schenken, damit sie ihr späteres Leben deutlich erfolgreicher meistern können und damit es zu keiner Wiederholung der Taten - wie bei ihren Eltern erlebt - kommt.

Die Energie aus unserem Elternhaus lässt uns nicht automatisch los, wenn wir dieses verlassen. Die Energie reist mit uns. Wir dürfen uns irgendwann von den destruktiven Energien trennen. Die psychische Gesundheit ist also ein hochbrisantes Thema – nicht nur bei Erwachsenen, sondern es fängt schon im Kindesalter an.

Es gibt aber auch andere seelische Themen von Menschen, die als Kinder von ihren Eltern nicht „gesehen" wurden. Sie wurden zwar umsorgt, aber emotional wurden sie von den Eltern allein gelassen: Wer bin ich? Was kann ich? Wer hilft mir dabei, mutig und zuversichtlich zu sein? Diese Kinder erfahren keine Gewalt und wurden nicht missbraucht. Doch sie tragen Verletzungen in sich, die subtil sind und deren Wunden bis zum Lebensende in ihnen stecken. Denn dieses tiefsitzende Gefühl des Verlassenseins kann sich fortsetzen. Daraus resultiert, dass man in Aktionismus verfällt oder zu trinken oder andere Dinge anfängt, wie z.B. zu spielen. Wir müssen uns unseren Traumata stellen.
Seelische Verletzungen gehören zu den grössten Herausforderungen. Und die machen uns nicht glücklich.

Wir müssen die Muster nicht wiederholen, die unsere Kindheit geprägt haben und die uns haben nicht happy machen lassen. Wir müssen unsere Verletzungen aus der Kindheit erkennen und benennen. Viele Menschen beschäftigten die Themen „Liebe, Kindheit, Beziehungen": Wie wir lieben, wie wir zu kämpfen haben in unseren Beziehungen – all das hängt mit unserer

Kindheit zusammen. Viele Beziehungsprobleme deuten auf ungelöste Probleme aus der Kindheit her. Auch Verletzungen, wie der Vater schaut dem Kind beim Sport zu und ärgert sich, weil es Fehler gemacht hat. Einige Eltern bezeichnen das Kind dann als wertlos.

Kinder verstehen nicht, dass Erwachsene mit ihren eigenen Konflikten zu kämpfen haben, wenn sie mit ihnen schimpfen. Sie erkennen nicht, dass der Ärger der Eltern nur zum Teil mit ihnen selbst zu tun hat – ein fatales Missverständnis, denn aus diesen Verletzungen heraus entstehen Glaubenssätze, die wir uns zu eigen machen, ohne es zu merken. Zum Beispiel

- Ich bin nicht gut genug
- Ich muss perfekt sein, um geliebt zu werden.
- Ich bin nur dann etwas wert, wenn ich etwas erreiche.
- Ich kann niemandem vertrauen.

Wir dürfen Frieden machen – mit uns und mit den Familienmitgliedern. Wir tragen viele Wunden in uns – Wunden, die von unserer Familie/Vorfahren und unserer Kindheit herkommen. Wir müssen verstehen, dass auch unsere Eltern und Großeltern diese Wunden erlitten haben und tragen. Und was immer geschehen ist in unserer Kindheit: Auch unsere Eltern und Großeltern haben Schicksale erlitten.
Und wir tragen diese in unser System (bis ins hohe Alter). Sie müssen geheilt werden. Wir müssen uns davon lösen, z.B. die seelischen Verletzungen, nicht gesehen werden, allein gelassen

zu sein, emotionale Abwesenheit der Mutter/des Vaters, nicht geliebt zu werden, usw.

Es gibt also viele Herausforderungen, die den Menschen auf dem Weg zum Glücklichsein behindern und nicht zu diesem Ziel führen. Wenn Menschen streiten, wenn sie wütend und zornig sind, wenn sie frustriert oder neidisch sind, wenn sie immer mehr wollen und nie zufrieden sind, und ganz besonders wenn sie ängstlich sind (und es gibt viele verschiedene Ängste), dann können sie nicht glücklich werden.

Mit wenig zufrieden sein, macht glücklich. Dadurch habe ich keinen Zwang mehr und mehr zu wollen, zu kaufen, zu konsumieren. Damit fällt auch Frustshoppen weg, was viele weibliche Wesen gern unternehmen. Einfach innehalten – in sich Ruhe spüren – den Sonnenstrahl geniessen. Das macht happy.

> *„Wer einmal sich selbst gefunden hat,*
> *kann nichts auf dieser Welt mehr verlieren.“*
> Stefan Zweig

Ein anderes Beispiel für keine tiefe Glückseligkeit erlebe ich in der Schweiz. Obwohl das Land zu den reichsten der Welt gehört und damit ihre Einwohner, sind sie in meinen Augen nicht wirklich glücklich. Dafür gibt es mehrere Gründe. Auf jeden Fall liegt der Ursprung der Gründe in der Geschichte des Landes und damit in den einzelnen Familien, in die die heutige Generation hineingeboren ist. Das bedeutet, dass ihre Eltern und Vorfahren ebenso keine tiefe Glückseligkeit erlebt und gelebt haben.

Da mein Background die Geldseite ist, schaue ich mir das Thema ganz besonders von dieser Seite an. Geld hat unter den Schweizern einen hohen Stellenwert. Aber über Geld spricht man nicht. Es wird totgeschwiegen. Genau darin steckt meines Erachtens einer der Ursachen für die Behinderung des wahren Glücklichseins. Denn einerseits ist der Fokus auf dem Geld. Und andererseits ist das Geld nicht immer sauber. Die Ärzte in den psychischen Kliniken haben sich mit diesem Geld-Thema und der Korrelation zu psychischen Krankheiten noch nicht auseinandergesetzt. Ich habe einige darauf aufmerksam gemacht.

Die Schweiz hat den grössten Offshore Markt für internationale Gelder. Doch diese internationalen Gelder sind nicht alle sauber erworben worden. Das interessierte die Schweizer und speziell die Banken, Anwälte, Notare, Treuhänder nicht. Erst in den letzten 10 - 20 Jahren wurde auf die Herkunft der Gelder grössere Aufmerksamkeit gelegt. Aber es gibt Consultants, die weiterhin die nicht sauberen Gelder durch Strukturen unkenntlich machen bzw. vernebeln.

Die Gelder der russischen Zaren um die Jahrhundertwende, die Gelder von Persien in den 30er Jahren, die Gelder der Kurden, die Gelder der Juden im 2. Weltkrieg sowie die Gelder von afrikanischen und lateinamerikanischen Autokraten und russischen Oligarchen – alle landeten in der Schweiz. Wir wissen, dass Teil dieser Gelder mit Blut befleckt sind. Das hat Auswirkungen auf das Land sowie das Gemüt von Schweizern.

Hinzu kommen die vielen internationalen Organisationen sowie Firmen – viele davon mit Sitz in Genf oder Zug. Auch hier werden nicht moralisch und ethisch einwandfreie Geschäftspraktiken angewandt und daraus Geld – also kein sauberes Geld – generiert.
Das drückt auf die Seele der Schweiz und der Schweizer Bürger.

Und als dritter Punkt ist das Aneignen von fremden Geldern durch Schweizer zu erwähnen. Vor einiger Zeit hörte ich auf der Strasse den Ausspruch eines Schweizers gegenüber einem anderen: „Sei doch froh, dass es Hitler gab". Damit konnte ich im ersten Moment nichts anfangen, später jedoch schon. Einige Deutsch-Schweizer waren auf Seiten von Hitler, andere dagegen. Doch Hitler bzw. der Krieg hat einigen Schweizern, welcher Gesinnung sie auch waren, die Taschen reich gemacht –Privatpersonen, Firmen und Institutionen – Goldraffinerien, Herrn Bührle, usw.

Denn die Gelder, die Deutsche und andere Nationalitäten den Schweizer Banken, Versicherungen, Anwälten oder Treuhändern zur Verwahrung überlassen hatten, wurden diesen nach dem Krieg nur dann zurückgegeben, wenn der Beweis der Nachfahren 100%ig war. Doch die Beweise konnten die Nachfahren nicht liefern.

Denn die Kontoinhaber waren in den Konzentrationslagern umgekommen. Und sämtliche Korrespondenz (Depot- und Kontoauszüge, Safe-Unterlagen etc.) mit der Bank behielten diese während des Krieges aus Sicherheitsgründen zurück. Die Nachfahren hatten also keine Bankunterlagen und damit Beweise für das Konto ihrer Familie in der Schweiz.

Die Schweizer Banken, Anwälte, usw. haben sich sehr viel Schuld aufgeladen, indem sie das Vermögen ihrer Kunden zu ihrem eigenen Vermögen machten. Moral und Ethik spielten dabei keine Rolle. Die ehrenwerten Banken, Versicherungen, Anwälte sowie das Grundkapital von einigen der reichsten Schweizer Familien sind befleckt mit Blut und Tod der ursprünglichen Geldinhaber.
Die Nachkommen dieser Schweizer tragen das Leid ihrer Familie. Die hohe Suizidrate unter Schweizer Jugendlichen und ihre Depressionen sind zum Teil auf den nicht ehrenhaften Erwerb des ursprünglichen Grundvermögens der Familie zurückzuführen.

Und nicht nur psychische Themen, sondern auch die allgemeine Zurückhaltung, Diskretion und Geheimnistuerei von Schweizern sind in meinen Augen auf den ursprünglich nicht ethischen Erwerb von Geld zurückzuführen. Das Introvertierte, das nicht Offene und Transparente, das Geheimnisvolle besonders der Deutsch-Schweizer hat mit der Vergangenheit der Schweizer zu tun. Es korreliert mit dem Verwahren, Betreuen, Verwalten und nicht Zurückgeben von fremden Geldern.

Über Geld spricht man nicht. Man schweigt. Denn man hat ja etwas zu verbergen. Und dieses Verbergen hat einen Abdruck auf die Seele. Sie ist nicht frei. Sie fühlt sich nicht frei. Sie ist verklemmt – wie viele Schweizer.

Und das spürt bzw. fühlt man bis in die heutige Generation hinein: verkrampft, in sich gekehrt, nicht locker. Natürlich spielen noch andere Faktoren eine Ursache. Aber das Elternhaus sowie das Thema Geld haben einen grossen Einfluss. **Man hat nie gelernt, sich in die Arme zu nehmen. Kindern fehlt die liebevolle Umarmung – die gefühlte Liebe.**

Ob eine Kausalität zwischen dem Erwerb von unethischen Geldern oder das Aneignen von Kundengeldern und das fehlende tiefe Glücklichsein der Schweizer miteinander zusammenhängt, könnte ein Forschungsprojekt für eine Schweizer Universität oder Stiftung sein. Das Max-Planck-Institut in München hatte ich hierauf vor Jahren angesprochen.

Heute sind Werte wie Moral, Ethik, Nachhaltigkeit in das Bewusstsein von mehr und mehr Menschen und auch Firmen getreten und gehören zu den Spielregeln der neuen Zeit – weltweit. Vielleicht hilft es aus Ethik und Moral „Ethik und Spiritualität" zu machen und einen ganz neuen Weg einzuschlagen (anstatt die Macht für persönliche Gewinne zu nutzen) und über das eigene „Ich" hinauszuwachsen sowie eine Rolle als Hüter des Planeten einzunehmen. Denn bei der wahren

Macht geht es um die gemeinsame Schöpfung und nicht um Dominanz, Ego und Profit.

Wenn dieser Weg auch in der Schweiz eingeschlagen wird, und wenn mit Geld anders – zu Gunsten der Menschen – umgegangen wird (siehe auch 7. Kapitel), dann wird sich eine Fröhlichkeit und Freude unter den Schweizern bald einstellen.

„Neue Wege entstehen, indem wir sie gehen."
Friedrich Nietzsche

Ich habe Mitgefühl besonders mit der jungen Generation – Schüler, Studenten, usw., nicht nur in der Schweiz, sondern in vielen Ländern der Welt. Wie ich in meinen Interviews mit den Repräsentanten der Länder während des Retreats in Indien hörte, sind sie im Stress und nicht wirklich happy. Eine englische Professorin, die in Afrika an einer Universität lehrt und zu einer Vorlesung bei der ETH, Zürich, kürzlich eingeladen war, meinte, dass ich Happiness und Humor in die ETH bringen sollte. Denn die Vorlesungen sind sehr ernst – wie in vielen Universitäten in der Welt, sagte sie.

„Happiness ist das frohe innere Empfinden,
mit dem eigenen Schicksal im Einklang zu sein."

In meinem Leben habe ich diverse Menschen kennengelernt, die Happiness ausstrahlen, zum Beispiel Bojana. In einer Badi in Zürich sitzt ein engelhaftes Wesen und geniesst die Sonnenstrahlen auf ihrem Gesicht. Ihre Augen sind geschlossen und sie lächelt die ganze Zeit. Ich beobachte sie und frage mich, was sie im Inneren denkt. Auf jeden Fall fühle ich eine totale Ausgeglichenheit zwischen ihrem Inneren und Äusseren. Ich spreche sie an und komme mit ihr in Kontakt. Später machen wir uns gemeinsam auf den Weg nach Hause und tauschen dabei unsere Lebenserfahrungen aus. Was für ein Geschenk, das mir an diesem Nachmittag gemacht wurde.

Oder die Kassiererin einer Supermarktkette. Sie lächelt ständig. Was für eine Freude in den Supermarkt zu kommen und das Lächeln dieser Person zu betrachten! Und für jeden Kunden hat sie freundliche Worte. Jeden begrüsst sie an ihrer Kasse herzlich und liebevoll. Ich fragte sie, wie sie dahin gekommen ist. Sie sagte, dass sie seit Kindsalter so fröhlich, glücklich und zufrieden sei. Aber ich solle nicht denken, dass sie keine Schicksalsschläge erlitten habe. Sehr viel, sagte sie.
Unter anderem hatte sie als Kind mehrfach gelogen. Daraufhin erhielt sie von ihrem Vater eine harte Strafe. Sie musste stundenlang auf Reiskörnern knien, bis sie die Wahrheit sagte. Die Reiskörner taten unglaublich weh. Sie schwor sich nie wieder zu lügen. Wie wundervoll Menschen nach Schicksalsschlägen so fröhlich zu sehen!

Eine Bekannte erzählte von ihrem ersten Ehemann. Er wollte, dass sie zu Hause vor dem Herd bleibt. Kinder hatten sie keine. Sie durfte also nicht arbeiten gehen und keine Karriere machen. Er verdiente genug.

Nach 8 Jahren Ehe hat er sie auf Empfehlung seines religiösen Lehrers verlassen. Sie stand vor nichts. Sie war jetzt 30 Jahre alt, hatte kein Geld, keine Wohnung und kein Selbstvertrauen, weil ihr Mann sie klein gehalten hatte. Aber irgendetwas zeigte ihr den Weg, ein eigenes Brautgeschäft zu eröffnen. Sie tat es und bekam dadurch mit der Zeit immer mehr Zuversicht und Selbstvertrauen, um später gute Stellen als Angestellte zu bekommen und gutes Einkommen zu generieren.

Heute würde sie am liebsten ihrem ersten Ehemann dafür danken, dass sie durch ihn - durch sein Festhalten - den Mut gefasst hatte, ein Geschäft zu eröffnen, das sie zum Selbstvertrauen und zum eignen Geldverdienen geführt hat.
Sie ist sehr glücklich darüber, dass sie diese Erfahrung mit ihrem ersten Mann machen durfte. Ohne ihn wäre sie nicht in der Situation, in der sie heute ist. Ohne ihn hätte sie das Gute im Leben nicht kennengelernt bzw. erlebt.
Quintessenz: Man ist zwar im ersten Moment sauer, traurig, etc. Aber auf längerer Sicht gesehen, war es ein Vorteil. Das Gute kommt in schlechtem Gewand, sagt sie heute.

Auch ich bin meiner Frau dankbar, dass sie sich vor 14 Jahren von mir getrennt hat, damit ich frei bin und „meinen" Weg gehen kann, der ein anderer ist als ihr Lebens- und Seelenweg. Kinder bzw. Seelen, die von Ehepaaren zur Welt kommen, die irgendwann auseinandergehen, sollen von diesem Vater und dieser Mutter gezeugt sein. Sie sollen etwas lernen – von dem einen und dem anderen. Das ist meine Meinung seit vielen

Jahren. Gleichzeitig sollen diese Kinder von beiden Elternteilen in ihr Herz geschlossen werden und ihre Liebe gegenüber den Kindern immer wieder ausgedrückt werden, z.B. indem man sie liebevoll in den Arm nimmt oder liebevolle Worte sagt.

Heute scheitern viele Beziehungen von Erwachsenen, weil die innere Dimension nicht entwickelt ist. Wenn es keinen authentischen Austausch gibt in Bezug auf Stimmungen, Gefühle, Sehnsüchte, Intuitionen, Empfindungen, Zweifel, Ängste, Eingebungen oder Träume, verarmt die Beziehung. Die Geschäftigkeit kann die innere Leere nicht füllen. Die äussere Wirklichkeit wird bis zum Exzess konsumiert. Die innere Welt, das innere Erleben, wo sind sie geblieben?
Doch macht sich ein neuer Trend bemerkbar: die Inner Development Goals. Darüber mehr zu einem späteren Zeitpunkt.

Eine weitere Geschichte handelt von zwei jungen Frauen, die Nachwirkungen der Corona Impfungen in verschiedenen Formen haben: Rheuma (mit 35 Jahren), Arterienprobleme, und organische Schäden. Eine der beiden hatte zuvor auch Krebs gehabt. Das ist alles für viele nichts Besonderes. Was aber das Besondere und Bewundernswerte ist: beide lachen! Beide sind fröhlich und glücklich. Beide sind aus ihren Heimatorten an einen wunderschönen Ort am Bodensee gezogen und sind mit ihrem Leben mehr als zufrieden – trotz ihrer Krankheiten und ihrem Bewusstsein, dass sie kein langes Leben haben werden.

Im 8. Kapitel schreibe ich von einer weiteren Person, die ihre Herausforderung in Liebe und Licht transformierte und somit zum Glücklichsein kam.

5. Kapitel: Wie kommen wir in die Happiness?

Viktor Frankl und Friedrich Nietzsche haben sich mit der Frage nach dem SINN beschäftigt. Diese Frage ist bedeutend, besonders wenn die Krise (Lebenskrise) kommt. Und heute leben wir in krisenhaften Zeiten. Von daher ist es sinnvoll, uns mit der anderen Seite – der fröhlichen Seite des Lebens zu beschäftigen, u.a. „Wie komme ich in die Happiness" und „Wie komme ich in die Leichtigkeit des Seins", die uns Freude, Zufriedenheit und Glücksgefühl bringt. Denn Sorgen und Ängste umgeben uns jeden Tag.

Happiness ist ein Gefühl. Und Gedanken steuern unsere Gefühle. Also dürfen wir unseren Gedanken Aufmerksamkeit schenken und beobachten. Negative kommen. Aber wir lassen sie gehen. Wir fokussieren uns auf die positiven, auch wenn die negativen in der Überzahl sind.
Auf die positiven Gedanken fokussieren wir uns, u.a. durch Verzicht auf Nachrichten, Medien, Stress, Sucht, Ego und erfreuen uns stattdessen an kleinen Dingen: die Sonne, die Natur, das Lächeln von Mitmenschen, die Liebe unserer Kinder.

Wir dürfen uns fragen: **Worüber bin ich glücklich?**
Meine Antwort als Beispiel:
- Jeden Morgen stehe ich mit Freude auf.
- Weder bin ich niedergeschlagen noch antriebslos.
- Ich freue mich täglich über den Sonnenschein (auch wenn er nicht sichtbar ist).

- Ich bin gesund und diszipliniert.
- Ich habe zwei glückliche Kinder.
- Ich erfreue mich meiner Gaben, Talente und Erfahrungen.
- Einer meiner Gaben ist, mit Menschen spielerisch in Kontakt zu treten.
- Ich bin nicht mehr im Stress, nach Kunden zu suchen und vom Arbeitgeber gesetzten Ziele erreichen zu müssen.
- Ich habe mich vom Materiellen getrennt bzw. habe kein Verlangen nach mehr. *Ein tolles Haus, einen Mercedes und vieles mehr habe ich alles besessen.*
- Ich mache mir keine Gedanken, was morgen ist, ob ich umziehen muss oder.... Das Richtige wird für mich kommen. Ich bin relaxt und nicht im Stress.
- Ich freue mich, anderen Menschen jeden Tag Sonnenschein zu geben.

Dieses Glücklichsein erfüllt mich mit grosser Dankbarkeit.

Also: Wie werde ich glücklich, angst- und sorgenfrei?

- Freude, Spass, Leichtigkeit statt Unzufriedenheit, Sorgen, Stress. *Stolpersteine: Ego, Ehrgeiz, Familienmuster, Ängste*
- Wertschätzung. Dankbarkeit. Vergebung *(uns selbst, der Familie, den Tätern).*
- Sinnvolles „Schaffen"/Erschaffen. Kein Perfektionismus.
- Ernährung, Bewegung, Sport.
- Neue Einstellung zu Geld. Von materiellem Ballast loslassen.

Viele Menschen würden gern diese Leichtigkeit in sich tragen und Fröhlichkeit ausstrahlen. Aber etwas hindert sie daran.

Diese Hindernisse gehen zurück in ihre Kindheit, wie wir bereits im vorherigen Kapitel gehört haben. Zu viele Dinge sind geschehen, die sie nicht aus ihrem heutigen Korsett (mentalen Gefängnis) befreien lassen. Sie fühlen sich nicht frei, ihren Emotionen freien Lauf zu lassen. Ihre Gefühle sind verschlossen. Denn die Gesellschaft schreibt die Richt- und Ziellinien für den Menschen vor. Die Eltern haben das Kind bereits früh darauf aufmerksam gemacht. Auch viele Glaubenssätze und Verhaltensmuster resultieren aus unserer Kindheit.

Was ist jedoch **das Schönste für ein Kind**, das es emotional aufblühen lässt? Zu spielen – einfach zu spielen, seine Kreativität und Gefühle freien Lauf zu lassen, ohne dass Eltern oder Vorgesetzte das Kind in seinem Spiel einschränken – weder in Zeit noch in Raum. Und mit dem Spielen findet und empfindet das Kind Begeisterung. Und damit wächst Vertrauen und Freude, Liebe und Dankbarkeit.

Wir dürfen wieder Kind sein, unseren Gedanken und Gefühlen freien Lauf lassen, und Hüter des Goldes und der Erde sein, Clown spielen und das tun, was Spass macht. Wir dürfen andere Menschen dazu bewegen, uns als Clown zu folgen und auch lustig zu sein und Menschen happy machen. So verbreiten wir unsere Happiness in der Welt, die so ernst ist. Denn es geht gar nicht mehr darum, was wir im richtigen Leben tun. Es geht darum, happy und in Freude zu sein.
Wir sind eingeladen, uns mit unserem **inneren Kind** zu verbinden, das ein Symbol für Reinheit und Staunen darstellt.

Dieser Schritt ermutigt uns, unsere kindliche Unschuld wiederzuentdecken – einen Zustand, bevor unsere Wahrnehmung durch die Komplexität des Lebens getrübt wurde.

Heute geht es darum, die Welt mit neuen Augen zu sehen, wie ein Kind, das über die Geheimnisse des Lebens staunt, unbelastet von Vorurteilen und Voreingenommenheit.

Doch wie können wir zu diesem Zustand der Unschuld zurückkehren, wenn unser Verstand mit Wissen, Erfahrungen und Realitäten versehen ist? Der Schlüssel liegt darin, dass wir lernen, unseren Verstand zu beruhigen und die Schichten angesammelter Fakten, Aufgaben und gesellschaftlicher Erwartungen abzustreifen. Auf diese Weise öffnen wir uns für ein sanfteres, freundlicheres und erfüllteres Leben.

Lass uns heute die Unschuld des Kindes in uns erlauben, unsere Wahrnehmungen zu leiten. Indem wir das tun, ebnen wir den Weg für eine Reise voller Überraschungen, Freude und dem grenzenlosen Potenzial, die Welt mit neuen Augen zu sehen.

Doch bald werden wir wieder mit dem Alltag konfrontiert. Er zeigt uns wieder die negativen Seiten des Lebens, inkl. Traumata, Verstrickungen, usw. Diese sind in unserem Unterbewusstsein abgespeichert. Um die Reise vom Kind zum Erwachsenen und zurück zum Kind mit Leichtigkeit zu gehen, ist es erforderlich die negativen Seiten in uns aufzuarbeiten und zu lösen. Denn diese behindern unser Glücklichsein. Dazu müssen wir uns mit dem Unterbewusstsein beschäftigen.

Unser Unterbewusstsein wird besonders zwischen Empfängnis und dem Alter von sieben Jahren mit Emotionen und Erinnerungen programmiert. Von Geburt an gliedern wir die Welt in gute und schlechte Erfahrungen. Das Unterbewusstsein speichert diese Einteilung und lässt sie dem Bewusstsein später als real erscheinen.

Wie wir wissen, ist das Unterbewusstsein 1.000-mal mächtiger als das Bewusstsein. Wenn das Unterbewusstsein so mächtig ist, wer oder was steuert es dann?
Die Quelle von allem, was uns plagt, sind unsere weggesperrten Gefühle, die Verletzungen und Ängste sowie unverarbeitete Erfahrungen, die wir in unserem Nervensystem gefangen halten. Hinter jedem Stress, Symptome, Krankheitsmuster – ob psychisch oder physische – stecken Emotionen und Erinnerungen, die in unserem Unterbewusstsein begraben sind. Wenn sie wachgerufen werden, reagiert unser Körper mit negativem Stress.

Wir können eine Stressreaktion allein durch Gedanken hervorrufen. Es reicht, dass wir an etwas denken, das tief in uns eintätowiert ist. Und schon erwacht die Erinnerung an frühere Situationen zum Leben und ist in dem Moment akut und real. Denn unser Gehirn funktioniert in Bildern. Dadurch kommt ein Gedanke in uns hoch, der eine Emotion auslöst. Als Ergebnis erhöht sich unsere Herzfrequenz. Wir werden ängstlicher.

Der Kern von jedem Stress und Krankheiten sind Gefühle und Erinnerungen, also traumatische Wahrnehmungen, die in unserem Unterbewusstsein begraben liegen. Wir müssen verstehen, dass unsere Emotionen sowie der menschliche Körper Energie sind.

Unsere Gedanken erzeugen unsere Gefühle. Und unsere Gefühle steuern unser Verhalten. Wenn eines unserer Gefühle sehr stark ist, fühlen wir in Wirklichkeit Schwingungs-Energie. Jedes Gefühl vibriert mit seiner eignen spezifischen Frequenz. Wut ist eine andere emotionale Energie als Frustration oder Traurigkeit.
All diese Gefühle haben verschiedenen Schwingungs-Energien. Bei einer intensiven Emotion kann unser ganzes Wesen von dieser Schwingung erfasst werden. Und manchmal ist die Vibration zu stark und die Energie bleibt im Körper gefangen. Eine im Körper stecken gebliebene Emotion ist ein Energiekugel. Sie kann überall im Körper sitzen und das normale Energie-Feld stören.

In der Antike wusste man, dass negative Gefühle überall im Körper gespeichert werden. Sie wirken sich auf die emotionalen und anatomischen Funktionen des Körpers aus. Gefühle verdichten sich. Und je stärker sie werden, desto eher schieben wir sie weg. Uns wurde beigebracht, unangenehmen Gefühlen zu widerstehen, anstatt sie zuzulassen und hinzuspüren.

Wir suchen nach Antworten in der äußeren Welt. Doch das Problem ist: Dort finden wir nichts. Denn die Antworten sind in uns. Von dort kommen auch die Gefühle her. Erst wenn wir unseren Blick nach Innen richten, erfahren wir das EINSSEIN – die Verbundenheit mit allen Dingen, auch mit dem Universum.

Wir kennen die Macht des Geistes. Es ist wissenschaftlich erwiesen, dass er sich selbst heilen kann – wieder und wieder. Das Universum unterstützt uns, wenn wir selbst mitmachen und daran glauben. Gemeinsam mit dem Universum können wir etwas erschaffen. Das Universum hat immer eine Lösung für uns.
Bitte nicht darum, was Du haben möchtest, sondern danke einfach. Wenn Du bittest, bedeutet es: Du hast es nicht. Wenn Du dankst, erkennst Du an, dass es bereits da ist.

Wenn wir die Fesseln der emotionalen Abhängigkeiten lösen, dann findet echte Transformation statt. Die Nebenwirkung dieser wahren Transformation nennt man FREUDE. Dieser gehobene Gemütszustand tritt ein, wenn Energie aus dem Körper befreit wird. Der Körper wird von der Vergangenheit erlöst und kommt in der Gegenwart an. Dann spüren wir die andere Art von Gefühlen: Freude, Wohlwollen und Dankbarkeit. Wenn wir uns erlauben zu spüren und ganz hier zu sein, dann wird alles möglich. Die Welt um uns herum wird sehr bewegbar, formbar, und großartig.

Hier einige Botschaften:

Alles ist ENERGIE. Alles ist Bewusstsein.

Gefühle sind die Energie, die Dich antreiben. Diese innere Lebenskraft ermöglicht Dich
zu sein, wer Du wirklich bist. Wandel das um, was Du nicht willst in das, was Du möchtest.

Wir dürfen die Dramen und Traumata des Lebens „beobachten", aber nicht darin verstricken. Also nur beobachten.

Wir dürfen unsere Überzeugungen ablegen und in unsere wahre - im Herzen zentrierte -Kraft eintauchen.

Wir dürfen die Angst überwinden. Wir dürfen in den Zustand der Furchtlosigkeit kommen, in dem unsere Handlungen von Liebe geleitet werden. Liebe – tiefe, bedingungslose Liebe – ist die stärkste Kraft gegen Angst.

Die Liebe ist mein Schutzschild, der die Angst in Stärke verwandelt.

Der leuchtende Krieger strebt nicht nach Spaltung, sondern nach tiefer Heilung und erkennt, dass die Wurzel des Konflikts oft in unseren eigenen Schatten liegt.

Im Mittelpunkt des Weges des leuchtenden Kriegers steht die Umwandlung von Angst in Liebe. Angst, die als die Abwesenheit von Liebe angesehen wird, wird durch Vergebung und Dankbarkeit umgewandelt.

Denjenigen zu vergeben, die uns verletzt haben, und Dankbarkeit für die Lektionen zu empfinden, die sie uns gebracht haben, ist der erste Schritt zu Ermächtigung und Heilung. Dieser Prozess ermöglicht es uns zu erkennen, dass die Herausforderungen des Lebens nicht uns widerfahren, sondern für uns geschehen und uns Möglichkeiten für Wachstum und die Vertiefung unserer Menschlichkeit bieten.

Wenn wir diesen Weg einschlagen, lassen wir das Bedürfnis los, Recht zu haben, indem wir anderen Unrecht tun, und stattdessen eine Präsenz kultivieren, die von Liebe und Mitgefühl erfüllt ist. Durch Vergebung und Dankbarkeit verwandeln wir unsere toxischen Emotionen in persönliche Kraft und schlüpfen in die Rolle des leuchtenden Kriegers, der Schönheit in der Welt erschafft und erkennt, dass alles im Leben (selbst die herausforderndsten Erfahrungen) letztlich zu unserem Wachstum beitragen.

Ich meistere meine Ängste mit dem Mut und dem Licht des leuchtenden Kriegers. Die Liebe ist meine grösste Waffe. Sie verwandelt Angst in Gelegenheiten zum Wachstum.

Eines der kollektiven Traumata ist der übermässige männliche Ansatz, der das Weibliche oft an den Rand drängt. Dieses darf erkannt und geheilt werden.

Wir dürfen uns mit der historischen Unterdrückung des Weiblichen auseinandersetzen. Vor allem westliche Traditionen haben versucht, das Weibliche zu domestizieren und seine inhärente Wildheit und Freiheit zu unterdrücken. Diese Unterdrückung zeigt sich sowohl in gesellschaftlichen Strukturen als auch in persönlichen Interaktionen und manifestiert sich oft in einer Weise, die den weiblichen Geist einschränkt und begrenzt.

Das Konzept der Hysterie spiegelt tiefsitzende Ängste und falsche Vorstellungen über die weibliche Macht wider. Das hat zu Praktiken geführt, die wilden, ungezähmten Aspekte der Weiblichkeit zu entfernen und somit eine kontrollierte Weiblichkeit zu erzeugen.

Das Wiederauftauchen der Wilden Frau ist nicht nur für die gesellschaftlichen Rollen, sondern auch für jeden Einzelnen von entscheidender Bedeutung. Es geht darum, das innere Weibliche zu befreien und ihm zu erlauben, sich voll und ganz auszudrücken, ohne durch konventionelle Zwänge eingeschränkt zu werden. Es fordert die Angst vor Veränderung und Ungewissheit heraus, indem sie Innovation und das Unbekannte willkommen heißt.

Ich lasse die Vergangenheit los und lasse mich auf die Erneuerung ein.
Ich lasse los, was mir nicht mehr dient und schaffe Platz für Neuanfänge.

Wir dürfen heute unsere Glaubenssysteme hinterfragen, mit denen wir durch das Leben navigieren, um zu erkennen, welche davon uns dienen und welche wir loslassen müssen. Diese Selbstbeobachtung ermöglicht es, uns von negativen Energien zu befreien und ermöglicht Wachstum und das Entstehen von Neuanfängen und neuer Potenziale. Diese Energie steigt durch die Chakren unseres Körpers auf und symbolisiert Transformation und Erleuchtung.

Ich lasse los, was mich bindet und finde Kraft und Befreiung in meinem Weg nach oben.

Ich erkenne und transformiere meine inneren Schatten in Licht und Liebe.

Unsere tiefsten Wunden erfordern unsere dringende Aufmerksamkeit. Es geht um tiefgreifende innere Heilung. Diese führt danach in das Glücklichsein.

Wir dürfen toxische, traumatische Bindungen erkennen und heilen und uns selbst keine Schmerzen zufügen.

Jeder Moment ist eine Gelegenheit, meine Geschichte neu zu schreiben.

Ich bin zentriert und friedlich – unabhängig von den Stürmen um mich herum.

Ich beobachte die Ereignisse meines Lebens mit Abstand und gewinne dadurch Klarheit und Weisheit.

Wenn Du irgendetwas tust, wodurch der andere sich besser fühlt, dann fühlst auch Du Dich besser.

Ich bin vollkommen und jeder Teil von mir ist willkommen und wird geliebt.

Ich nehme mein ganzes Selbst mit Mitgefühl und Verständnis an.

Ich bin ein Kanal für Heilung – für mich selbst, für andere und für die Erde.

Die Weisheit der Vergangenheit erhellt meinen Weg nach vorn.

Führung und Einsicht fliessen mir leicht zu, wenn ich mich mit meinem Herzen verbinde.

Ich vertraue auf meine Reise durchs Leben und betrachte jede Kreuzung als eine Gelegenheit zum Wachstum.

Ich bin von Liebe umgeben und strahle diese Liebe nach aussen. Selbstliebe ist die Grundlage meiner Stärke und die Quelle meiner Verbindung zu anderen.

Ich begegne der Welt mit Freude und Leichtigkeit.

Jede meiner Handlungen trägt zur Heilung und zum Wohlergehen des Planeten bei.
Als Hüter der Erde bin ich mit dem Netz des Lebens verbunden und nähre die Erde und werde von ihr genährt.

Indem wir Stillstand praktizieren, lernen wir, unsere Realität in ihrem formbarsten Stadium zu beeinflussen, bevor sie sich zu einer Form verfestigt. Dieser Ansatz spiegelt die Lehren vieler Gesellschaften amerikanischer Ureinwohner wider, die uns daran erinnern, dass unsere Handlungen und Gedanken über sieben Generationen hinweg nachwirken.
Am heutigen Tag sind wir aufgefordert, mit offenen Augen zu träumen und uns die Veränderungen, die wir sehen wollen, vorzustellen und sie umzusetzen, ausgehend von einem Ort tiefer innerer Stille. Es ist ein Aufruf, die Auswirkungen unserer Gedanken und Handlungen aufmerksam zu bedenken und diejenigen zu wählen, die eine Welt fördern, die wir uns für uns selbst und die nachfolgenden Generationen wünschen.
Wir dürfen eine neue Welt erträumen – eine Zukunft von Harmonie, Verantwortung und des Friedens.

„Gib niemals einen Traum auf, nur weil es Zeit braucht,
ihn zu verwirklichen. Die Zeit wird sowieso vergehen."
Earl Nightingale

Die Quelle der Gesundheit und Heilung liegt in uns. Diese Quelle und damit das Glücklichsein erfahren wir durch die Erkenntnis über uns selbst sowie durch den Fokus auf unseren inneren

Reichtum anstatt auf den äußeren. Dieser neue Geist sowie ein gesundes Lebensverhalten führen zum Glücklichsein.

Wenn wir Licht (= höchste Frequenz) und Liebe und Leichtigkeit in unser Leben integrieren, erschaffen wir Fröhlichkeit, innere Zufriedenheit und Gesundheit.

Wir möchten Menschen in Gelassenheit, Heiterkeit, Unbeschwertheit und Freude bringen. Wie kommen wir in die Gelassenheit und Freude? Durch Loslassen vom Ego, vom Materiellen und der Suche nach Anerkennung sowie äußeren Erfolg; durch Dankbarkeit über das Erlebte, durch Vergebung, durch Meditieren, durch gesunden Lebensstil, usw. Mit wenig zufrieden und somit glücklich sein. Und dann kommt Zuversicht und Freude.

1. Indem ich mich nicht identifiziere: Wer bin ich? Woher komme ich? Viele Menschen sind noch in ihrem Ego und haben nicht verstanden, worum es auf Seelenebene geht, nämlich zu verstehen, dass es nicht um Erfolg, Anerkennung und Geld geht, sondern,
-   dass wir ein höheres Verständnis sowie Erkenntnis lernen dürfen,
-   dass Erfolg und Anerkennung nichts mit dem Außen (dem Materiellen) zu tun hat, sondern, dass wir es IN UNS suchen und finden dürfen.
Unsere **wahre Glücklichkeit kommt aus dem Inneren** und nicht aufgrund unseres äußeren Vermögens.

2. Wir leben in einer Welt, wo wir Altes hinter uns lassen müssen, wo wir umdenken und umfühlen, d.h. transformieren dürfen. Denn NEUES steht bereit, angepackt zu werden.
Zu dem Alten gehört unsere Vorstellung vom Leben: Lernen, Ausbildung, Job, Geld verdienen, Ehe, Kinder, Krankheiten, Jobverlust, finanzielle Abstiegs-Sorgen, Traurigkeit, Einsamkeit, evtl. Depressionen, Verlust von sozialem Status, Alter und Sterben.

3. Anstatt dessen lasse ich positive Energie jeden Tag in mich hineinfliessen.

4. Zudem lasse ich Blockaden in mir (entstanden durch mich, meiner Familie und der Gesellschaft) auflösen. Und ändere meine Glaubenssätze.

5. Das Kapital von Menschen ist nicht Geld. Das Kapital sind Potenziale, Talente, Mut, Kreativität, Fröhlichkeit, Gesundheit, etc. Und zum Kapital gehört auch Moral, Ehrlichkeit, Transparenz und Vertrauen.
Mit diesem Kapital kann man immer wieder etwas Neues aufbauen.

6. Wenn es jedoch zu Schicksalen kommt, dann dürfen wir es uns ansehen. Aber wir sollten uns nicht als Opfer ansehen. Sondern unsere Seele möchte dieses Schicksal erleben. Wir dürfen daran wachsen: es mit Ruhe und Verständnis annehmen sowie mit Leichtigkeit (und nicht mit Schwere).

7. Wo sind die Handicaps, um happy zu werden?

- Verletzungen und Traumata in der Kindheit

- Konditionierungen der Eltern und Gesellschaft,

- psychischer Druck von sich selbst oder von aussen

- kein Zulassen einer Fehlerkultur

- Stress, um Geld zu verdienen; aber auch Geld als Bürde
  anzusehen

- Zweifel an sich selbst und seinen Fähigkeiten

- keine Vorbilder als Eltern, Politiker, Wirtschaftsführer,

- Angst vor Scheitern

Wie kommen wir in die Zufriedenheit – Leichtigkeit?

- Neue Sichtweise aufs Leben, Arbeit, Geld, Konsum,....

- Aus dem System mental heraustreten (sich nicht mehr gefangen fühlen)

- Keine Angst vor Versagen - gegenüber Gesellschaft, Eltern, Freunden, Partnern

- Sich selbst nicht zu ernst nehmen

- Weniger Perfektionismus (Stress), EGO, Sucht nach „mehr"

- Weniger Fokus auf materielle Werte

- Weniger Konformität, Neid, Eifersucht, ...

- Keine Anerkennung über Geld suchen (bei Eltern, Partnern, Freunden)

- Heilung von Familienthemen. Die Ursache für viele Dinge liegt in unserer Kindheit bzw. im Elternhaus: Beziehungen, Geld, emotionale Themen, seelische Verletzungen, Depressionen, ...

- mehr in die Herzenskraft, Intuition, Fühlen
- Frieden machen mit Tätern, Feinden, ...
- Öffnen des Herzens und der Seele (= Spirit)

Dadurch Leichtigkeit, Intuition, Inspiration, Kreativität, ...

8. Wie verdiene ich Geld?

Wir Menschen sehen Geld als „schwer" an. Und es ist kalt. Es fühlt sich nicht warm an. Wenn wir aber lachen und uns freuen, so freut sich auch das Geld. Dann kommt es mit Leichtigkeit und mit Freude zu uns. Denn wir geben dem Geld Wertschätzung.

Wenn wir im Inneren zufrieden sind, dann brauchen wir im Außen nicht so viel Besitztum anzuhäufen. Und dann können wir Geld für andere Dinge benutzen, z.B. anderen Menschen helfen, in die Freude oder Selbständigkeit zu kommen, usw.

Wir dürfen die Lebensfreude, Leichtigkeit, Unbeschwertheit in unserem Inneren finden und nicht im Außen.

Mache Frieden mit Mitmenschen. Vergebe den Tätern/Feinden. Versöhne Dich.
Sei dankbar für Dein Leben, Deine Familie, Deine Kinder.
Sag Deinen Liebsten, wie dankbar Du für alles bist.
Wenn Du Menschen anlächelst, kommt ein Lächeln zurück.
Strahle Freude aus.
Zeige Hilfsbereitschaft. Arbeite an Deinen eigenen inneren Kriegen. Nimm Dir Zeit für Dich und andere. Umgebe Dich mit Happy Menschen anstatt Pessimisten, Kritikern.

„Denke daran, dass Glück kein Ziel, sondern eine Reise ist und dass es in Ordnung ist, auf dem Weg Höhen + Tiefen zu haben. Sei geduldig mit dir selbst und strebe weiterhin danach, ein Leben zu schaffen, das dir Freude und Erfüllung bringt."

6. Kapitel: Mein Weg zur Happiness

Happiness hat für jeden Menschen eine unterschiedliche Wahrnehmung. Und sie geht tief in die Psyche von Menschen. Sie hat etwas mit der Kindheit zu tun. War mein Elternhaus happy – meine Eltern, Großeltern, meine Geschwister und ich? Oder waren Konkurrenzdenken, Überlebensdenken und -kampf, Geldprobleme oder andere Themen in meiner Kindheit an der Tagesordnung? Warum war ich damals happy oder nicht?

Zu mir: Ich war nicht happy als Kind und Jugendlicher. Als Erstgeborener mit Eltern, die im Nachkriegs-Deutschland nach Wohlstand strebten und ihre Zeit in die Arbeit und ins Geldverdienen steckten und ganz wenig in ihre Kinder, wuchs ich in den 50er und 60er Jahren auf. Ich war total introvertiert, traurig, in der Schule nicht mitkommend und daher die Schule sehr oft schwänzend. Insgesamt habe ich fünf Schulen besucht und meine Schulzeit mit keinem Abschluss beendet. Erst meine Ausbildung zum Bankkaufmann und mein Weg weit weg von der Familie – ins Ausland für die Bank gehend, hat mich langsam auf meinen Weg gebracht.

Meine Karriere als Banker lief fantastisch. Ich war fröhlich. Ich lachte. Ich war erfolgreich. Ich fühlte mich als Master of the Universe. Gleichzeitig war ich etwas überheblich, nicht richtig in meinem Herzen und weit weg von meiner Seele, was sie wollte. Und somit kamen die Hindernisse – die Herausforderungen. Ich wurde wachgerüttelt. Ich war in meinem Ego. Ich war im

Materialismus – wie alle Menschen. Mein Ziel war es, viel Geld zu verdienen. Das war und ist noch für viele Menschen ein gestecktes Ziel. Aber das sollte es in meinem Fall nicht sein, wie ich später lernte. Ich musste durch einen Konkurs. Ich musste meine liebgewonnene Stadt Miami verlassen. Zuvor musste ich unser grossartiges Haus verkaufen. Ich musste in Hamburg kleine Brötchen backen – kein Luxus mehr, keine reichen Menschen und „Freunde" um mich herum. Keine Cocktails auf hohem gesellschaftlichem Niveau mehr – einfach ein Leben führen wie viele andere Menschen, zu denen ich vorher etwas hinabblickte.

Ich ging also für die nächsten 7 Jahre durch schwierige Zeiten. In Hamburg bekam ich leicht eine Anstellung bei UBS und wurde „federleicht" nach 3 Monaten wieder entlassen, da man realisierte, dass ich gerade 50 Jahre alt geworden bin und nach deutschen Gesetzen 50-jährige nicht mehr so einfach aus einem Unternehmen zu kündigen sind. Daher tat man es also in der Probezeit.

Nach diesem persönlichen Tiefschlag verwaltete ich mein kleines Vermögen und machte daraus ein grosses – sehr grosses. Doch mein Glücksgott hatte anderes mit mir vor. Drei Jahre lang hatte ich das gleiche Erlebnis: Mein Einsatz verdreifachte sich am Anfang; ich hielt mein Investment auf diesem Niveau für lange Zeit und dann brach es zusammen. Ich nahm einen weiteren Betrag als Einsatz. Wieder verdreifachte er sich. Ich hielt ihn lange, bis er zusammenbrach. Dann nahm ich das 3. Mal - mein letztes Geld. Mein Einsatz verdreifachte sich wieder. Diesmal hielt ich mein Gold- und Silber-Investment nur für kurze Zeit, bis es sich durch Margin-Calls in nichts auflöste.

Eine unglaubliche Erfahrung, die ich in diesen 3 Jahren machen durfte. Mein Bruder, ein bekannter Arzt, nahm sich zu der Zeit das Leben. Ich hatte nicht vor ihm zu folgen. Durch ihn kam ich zur alternativen Medizin und danach zur Spiritualität. Viele Jahre beschäftigte ich mich mit diesem Thema und wuchs innerlich.

Im Jahre 2015 wurde ich mit einem Transmedium bekannt gemacht. Es erzählte mir, dass ich Menschen happy machen werde. Du bist ein Happymacher, sagte sie. Ich war überrascht. Als Kind und Jugendlicher war ich total introvertiert, traurig, wortkarg. Im Ausland wurde ich happy, mit der Zeit aber überheblich und materialistisch. Dann bekam ich einen Dämpfer in Form von Konkurs und späteren Vermögensverlust. Danach jahrelange Suche nach „meinem" Weg bzw. das, was meine Seele möchte.

Und nun wurde ich von dem Medium in Kenntnis gesetzt, dass ich ein happy Mensch bin und andere Menschen happy machen werde, weil sie es nicht sind. „Glaube nicht, dass es normal für jeden Menschen ist, glücklich und in Freude zu sein. Nein, es ist nicht selbstverständlich. Das ist ein Geschenk. Und Du hast dieses Geschenk bekommen. Somit ist es für dich normal. Und weil Menschen dieses Geschenk nicht haben, sind sie interessiert in deiner Nähe zu sein. Sie fühlen sich in deiner Nähe wohl und lachen mit dir." Diese Erfahrung habe ich tatsächlich schon sehr oft gemacht.

Sie sagte weiterhin: „Du gehst durch eine grosse Transformation, wie bei der Entwicklung von der Raupe zum Schmetterling, was ein grosser Prozess ist. Auch du wirst diesen gewaltigen Prozess durchmachen – von Aggression, Wut, Groll, Frustration, was du dein Lebelang mit dir getragen hast – zu Freude, Happiness, Transformation, um ein Diamant zu werden. Nach und nach befreist du dich von Einflüssen, die Ärger, Irritationen, Selbstzweifel, Widerstand, Kränkungen, Kummer und Traurigkeit erzeugt haben. Es geht also darum, dass du alle Bindungen aus deinen bisherigen Erfahrungen durchtrennst, um frei zu werden. Es wird für dich keine Anhaftungen mehr geben, die dich zu Frustration, Ungeduld und Besitz-Anhäufungen geführt haben. Du wirst frei von diesen Anhaftungen und diesen Energien sein.

Du wirst in der Lage sein, dich vollständig von diesen emotionalen Einflüssen zu lösen und zu befreien. Das wiederum verleiht dir einen höheren Bewusstseinszustand und einen breiteren Blickwinkel, durch den du die Welt und deine eigene Position in der Welt erkennen kannst. Denn der vielleicht größte Teil dieser Transformation geht darum, wie du dich selbst in der Welt siehst.
Es geht um eine ganz neue Dimension. Es ist praktisch wie eine Seelenwanderung – du wanderst (also transformierst) aus emotionalen Formen heraus in eine Freiheit und tief, tief in dich

hinein. Durch diese Transformation fühlst du dich wesentlich besser, was du tust und wie du es tust. Deine bisherige ernste, ehrgeizige und perfekte Art gibst du auf. Du wirst fröhlich, lustig, kindlich.

Und du bringst den Menschen die Früchte des Lebens – die bedingungslose Freude am Leben. Denn was ist die Essenz des Lebens? Die Essenz ist, sich zu freuen – sich über das Leben zu erfreuen – über das Privileg am Leben zu sein und hier auf Erden zu sein. Denn unser Geburtsrecht ist es, ein tiefes, sinnvolles und Purpose volles Leben in Freude zu führen.

Du wirst Menschen mit deiner FREUDE und deinem Lachen in die Fröhlichkeit und ins Nachdenken bringen, so dass sie einen Perspektivwechsel ihrer Ansichten und Überzeugungen über das Leben vornehmen. Es geht um die Feier des Lebens und dieses mit FREUDE anzunehmen und es zu umarmen.

Das Leben ist gewaltig. Und je mehr wir das wahre Leben umarmen, desto froher werden wir. Je mehr wir in das Leben gehen, umso mehr Spaß bringt es uns. Und umso interessanter wird das Leben. Wir werden demütiger und bescheidener. Denn es ist weitaus tiefer, als vielen Menschen bewusst ist. Wir brauchen nur wir selbst zu sein, nicht was wir sollen oder was wir sein wollen oder gern sein würden – einfach nur wir selbst sein. „Ich bin witzig; ich bin albern; ich liebe zu scherzen; ich liebe Spaß zu haben, ich liebe zu spielen; ich liebe Sex zu haben.

Alles, was andere Menschen zu mir gesagt haben, was ich tun sollte oder was mein Ego gesagt hat zu tun, um etwas zu erreichen, ist mir mittlerweile egal. Ich möchte einfach nur glücklich sein. Ich bewerte nicht mehr. Es ist wie es ist. Lass es so sein. It is like it is. Let it be. Es ist mir eine Ehre, mit Euch Dinge zu teilen, die mir Freude bereiten."
Und dann macht es ihnen Freude. Du verbreitest einfach die Freude und das Lachen! Und sie teilen es mit anderen.

Das Leben ist Lachen. Es ist Spass. Du machst Witze. Es ist nichts Ernstes. Gleichzeitig ist es weitaus ernster, als es irgendjemand überhaupt weiß. Es ist Freude. Und die Menschen möchten diese Freude in einer Welt, in der es so viel Not, Elend und Leid gibt, dass es für viele Menschen unerträglich wird. Du bringst das, was der Arzt verordnet hat: **Leichtigkeit, Fröhlichkeit und Happiness.**

Du bereicherst sie. Alle lachen. Wenn sie nach Hause gehen, fühlen sie sich frei und voller Hoffnung. Sie fühlen sich gerettet - von Traurigkeit, Depressionen und Sorgen. Denn du vermittelst ihnen die Weisheit auf eine Art und Weise, die das innere Kind anspricht.

Und somit nimmst du auch das Urteilen und die Trennung aus dem Bewusstsein heraus. Denn wir alle haben das Paradigma der Trennung: "Dieser Teil von mir ist gut, die andere Seite ist nicht gut." Das ist ein Urteil. Und das ist Separation.

Du zeigst den Menschen beide Seiten: die Fähigkeit zu lachen. Und dann entfernst du durch deine Freude und dein Lachen jegliche Vorstellung von Urteilen.

Die Menschen werden deine Freude als einen wunderbaren, magischen, nährenden, nachhaltigen und unterstützenden Input empfinden, den sie je erfahren haben. Du gibst ihnen die Essenz und das Gefühl, als ihr eigenes Kind Gottes wiedergeboren zu sein.

Und du gibst „Talks" in einer leichten, spielerischen, fast komödiantischen Art und Weise, was die Aufmerksamkeit von Menschen hervorruft. Wenn sie dann gehen, lächeln sie. Und sie lachen. Sie gehen nach Hause und beginnen über deine spielerischen Ausführungen nachzudenken. Denn diese sind weit mehr als nur lustig und witzig. Es sind tiefgründige Weisheiten – in leichter, kindlicher Form dargeboten.

Wow – ich war wirklich beeindruckt. Was für eine schöne, erhellende und motivierende Botschaft. „Das Einzige, was sich nicht ändern wird: Du bist ein Heiler. Aber wie du heilst, wird sich ändern. Es ist ein Heilen durch Lachen, Freude und das Erbringen von Happiness und Sunshine."
Und das musste oder sollte ich lernen – meinen Gefühlen freien Lauf zu lassen: Begeisterung, Freude, Vertrauen, Liebe, Dankbarkeit. Und all meine Wut, Groll, Ärger, Frustration loszulassen. Meine Seele wollte anscheinend, dass ich in diesem Leben diese negativen Emotionen eliminiere, also mich davon befreie.

Aber das ging nicht von heut auf morgen. Ich habe einige Jahre dafür gebraucht. Ich war in der Zeit zwischen 2016 und 2021 in positiven Gefühlen, wurde aber immer wieder durch meine Familie getriggert, was mich zu Wut, Ärger, Groll zurückbrachte. Erst als ich den Schlussstrich zog und mich von der Familie räumlich trennte und in die Schweiz zog, fühlte ich mich befreit. Und dort konnte ich meine Freiheit – meine Leichtigkeit, meine Freude – praktizieren und leben.

Ist es nicht verwunderlich, dass man im Jahre 2015 eine Botschaft von Jemanden bekommt und 8 Jahre später befindet man sich physisch tatsächlich in dem Land, dass der Jemand vorhergesehen hat? Denn mit all den Botschaften sagte sie: Du gehst in die Schweiz und wirst ganz besonders in der Südschweiz sowie in Norditalien Menschen finden, die deine Gaben sehr schätzen und dich in deiner Mission unterstützen.

Und zweitens: Ist es nicht verwunderlich, dass ich zuvor einen schwierigen Prozess von Raupe zum Schmetterling zeitlich von 2016 bis 2021 gehen musste, also all meine Wut, meinen Groll besonders gegen meine Familie nochmals erleben musste, um meine negativen Emotionen dann loszulassen?

Die letzten negativen Emotionen traten bei meinem Hamburg-Besuch im Juni 2024 auf. Ich habe meinen Groll, Wut und Ärger in Form von Aktennotizen festgehalten und meiner Familie zukommen lassen. Worum geht es: Ich wurde nie angehört. Ich wurde nie akzeptiert u.a. aufgrund meines Lebensstils, der nicht in die Schublade eines Erwachsenen (meiner Familie) passt. Ihre Vorstellungen nach geht man zur Arbeit, verdient Geld, hat eine Wohnung, ein Auto und evtl. Familie, macht manchmal Urlaub, usw.

Dieses Leben hatte ich zuvor gehabt. Jetzt war mein Leben bzw. Lebensstil etwas anders: weniger Ballast dafür jedoch fröhlich, lachend, fast kindlich, spielerisch, die Welt mit neuen Augen sehend, also anders als die Schubladen denkenden Erwachsenen. Ich war Lebenskünstler mit einer unglaublichen Lebensfreude in mir.

Meine Gedanken und Meinungen zählten für meine Familie nicht. Nur ihre Meinungen, Feststellungen und Bewertungen zählte. Und damit ihr Ego und ihre Selbstzufriedenheit.

Doch seit langem bin ich nicht mehr enttäuscht und habe ihnen vergeben. Ihre Seele wollte diese Erfahrung machen. Und meine Seele ebenso. Ihre Lernaufgabe wird ihnen irgendwann ins Bewusstsein kommen, evtl. durch Schicksalsschläge hervorgerufen. Umdenken erfolgt bei vielen Menschen erst nach Schicksalsschlägen. Und dann kann es auch sein, dass Fröhlichkeit, Leichtigkeit und Lachen in unser Leben treten. Ferner erkennen wir dann, dass eine tief empfundene Happiness in uns einkehrt, wenn wir mit oben verbunden sind.

Und drittens: Ist es nicht verwunderlich, dass ich heute an dem Buch über Happiness schreibe, also über ein Thema – eine Emotion, die ich in mir trage?

*„Da wo es hingeht und wo Du gar nicht hin wolltest
– genau da findet Transformation statt."*

Über meinen Zugang zur Happiness erhielt ich im Januar 2024 eine ähnliche Botschaft. Ist das nicht verwunderlich, dass zwei unterschiedliche Personen in zwei unterschiedlichen Erdteilen und zwei weitauseinanderliegenden Zeitpunkten die gleiche Message geben? Die Message im Januar 2024 lautete:

„Du machst die Menschen glücklich, indem du ihnen Freude bringst. Du machst sie darauf aufmerksam, dass ihre Anhaftung an ihr Ego und an ihre materiellen Dinge ihnen keine Freude und keine Glückseligkeit bieten.

Du erzählst von dir, dass du mal sehr viel Materielles hattest und dann alles verloren hast. Als du sehr viel hattest, warst du glücklich. Aber war das das WAHRE Glücklichsein? Denn als du gar nicht mehr hattest, warst du wirklich glücklich – von innen heraus (und nicht von aussen heraus). Du führst die Menschen in eine Meditation, damit sie darüber - über sich und ihr Leben – nachdenken und reflektieren.

Sie werden es erkennen – nicht alle aber einige. Denn der Stress-Pegel, den die Menschen ausgesetzt sind (Sorgen und Ängste sowie Hyperaktivität: ständig aufs Handy schauen, um Kinder kümmern, Haushalt machen, arbeiten, auf gute äussere Erscheinung achtend, Einladungen annehmen, Urlaub planen, etc.) ist sehr, sehr hoch. Hinzu kommen die Sorgen um

Arbeitsplatz, Familie, Geld verdienen und investieren, usw. Diesen Stresspegel muss der Körper aushalten. Das strapaziert ihn wahnsinnig und bringt Prozesse ins Rutschen.

Es geht also um die Entknüpfung: die Entknüpfung der Anhaftung ans Ego und unser materielles Äusseres. Es geht um einen Perspektivwechsel. **Die Menschen knüpfen ihr Glücklichsein an ihr Materielles**.

Ich bekam von dem Transmedium eine Metapher: Ich bin der letzte Überlebende des Konzentrationslagers. Wie einige andere Häftling habe auch ich immer gewusst und gefühlt, dass es eine innere Quelle gibt, aus der ich Liebe, Lebensfreude und Kraft bekommen kann, die mich stark macht zum Überleben.

Wie die Häftlinge so hatte ich - nach dem Verlust meines materiellen Reichtums - nichts mehr, ausser den Zugang zu einer Quelle, die mir Hoffnung und Zuversicht gegeben hat und jeden Tag gibt und somit Freude schenkt. Diese Freude möchte ich mit anderen Menschen teilen.

Eigentlich mache ich nichts Konkretes – im Sinne der Arbeitsbienen, d.h. der Gesellschaft. Ich mache Menschen nur über ihr Leben aufmerksam und erzähle von meinem Leben, das genauso war wie ihres – erfolgreich, materialistisch; und wie es sich danach gestaltet hat. Ich leite nur die Aufmerksamkeit dahin, dass die Menschen sich selbst erkennen – ihre Freude entdecken. Ich muss nicht transformieren. Es transformiert sich von selbst. Es kommt etwas ins Fliessen. Es ist Fülle. Es ist Reichtum. Ich mache Blinde zu Sehenden.

Wir dürfen heute entdecken, was uns Freude macht. Das Glücklichsein hat mit der Entkoppelung vom dem materiellen Besitz zu tun. „Du darfst dich fragen: Woran – an welche Dinge (Objekte/Besitztümer) – also alles in dem „Haben"-Bereich – knüpfst du dein Wohlstands- und Wohlbehagen-Gefühl? Würdest du dich besser und glücklicher fühlen, wenn du mehr hättest – mehr Geld, mehr Anerkennung, mehr Besitz? Denk mal darüber nach. Und atme ganz tief ein. Spüre nach innen. Wie wundervoll ist das innere Licht – die Essenz deines Seins. Das ist die Quelle."

Es geht also heute darum zu spüren, dass etwas Tiefes in mir ist. Da ist ein Leben in mir, was aus sich heraus glücklich ist. Es geht darum, Blinde zu Sehenden zu machen und **ihre Herzenskraft zu aktivieren. Denn Freude hat ihre Heimat im Herzen**. Sie kann nicht woanders empfunden werden. Und das Herz ist immer ganz nahe an der Quelle – an der Lebens-Quelle.

Wenn ich eine witzige Bemerkung mache, dann geht das über den Verstand. Aber das Herz lacht mit. Was eigentlich lacht, ist das Herz. Und das hat eine heilsame Kraft – eine beruhigende Energie. Der Körper kommt in die Ruhe. Und wenn Ruhe in den Körper kommt, dann reguliert sich alles wie von selbst. Das Interessante: Entzündete Körperzellen transformieren dann in die Neutralität und brechen erst gar nicht als Krankheit aus.

Freude hat die grösste transformative Kraft, die alles heilt.
Die Freude zu fühlen, heilt alles. Wenn Du im Licht der Freude
bist, hilfst Du automatisch den Menschen sich der Freude
auszurichten. Und aus der Freude heraus gestaltet sich die Welt
neu. Und daraus entstehen neue Systeme.
Durch jeden Einzelnen, der der Freude folgt, ändert sich etwas
im gesamten System. Man braucht keinen Hebel anzusetzen, um
etwas zu ändern oder in Schwung zu bringen. Nein, es ordnet
sich neu – aus einem anderen Gewahrsein. ES ordnet sich: nicht
ich, nicht Du, nicht er, sie, es müssen es machen. ES ordnet sich.

In der Energie der Freude läuft alles zusammen – es
kulminiert sich all das, was nötig ist, um aufzublühen, um ganz
da zu sein in der eigenen Natur und Gutes zu bewirken für das
große Ganze. In dieser Energie kulminiert sich alles.
Es ist so, als wenn es eine Super-Pille für alle Krankheiten geben
würde.

„Das Leben wird vorwärts gelebt und rückwärts verstanden."
Soren Kierkegaard

Wie bin ich also in die innere Glücklichkeit gekommen?
Durch einen Perspektivwechsel meiner Ansichten und
Überzeugungen über das Leben. Wir sind nur Gäste hier auf
Erden. Also dürfen wir Gelassenheit üben und die Dinge nicht so
eng sehen. Wir dürfen unser Getrenntsein – Mann und Frau,
Schwarz und Weiss, Jude, Christ oder Muslim – sowie unser
Urteilen hinterfragen.

Wir dürfen unsere Konsumsucht hinterfragen. Wir dürfen unsere materialistische Einstellung hinterfragen. Wir dürfen die Einfachheit wiedererlangen – mit wenig zufrieden zu sein. Wir dürfen unser kleines oder grosses „Ich" transzendieren und auflösen, also unser Ego loslassen.

Wie bin ich also in die innere Glücklichkeit gekommen?
Durch das Loslassen vom Ego, vom Materiellen und der Suche nach Anerkennung sowie äußeren Erfolg; durch Dankbarkeit über das Erlebte; durch Vergebung; durch Meditieren: durch gesunden Lebensstil, usw. Somit habe ich meinen Seelenfrieden erfahren.

War ich schon vorher glücklich? Ja, aufgrund meiner Erfolge und meines äußeren Vermögens. War ich hinterher glücklicher als vorher? Ja! Weil ich den Zugang zur Quelle – zur Kraft, Liebe, Lebensfreude – gefunden habe.

Ich lebe die Freude, das Lachen und den Humor. Ich bin Clown – the child of God. Und damit bringe ich Menschen zum Lachen, in die Leichtigkeit und verteile Sonnenschein.

Ich fühle mich als Kind. Am Ende des Retreats in Indien kam mir der Input – das innere Bild: Ich sah mich als 7-jähriges Kind: lachend, spielend, unbedarft, voller Freude, neugierig, mutig, kreativ, Clown spielend und andere happy machend – raus aus dem tristen Alltag holend; Spass haben und lustig sein – ohne Angst und Sorgen.

Dabei kann ich auch ernst sein. Denn einerseits habe ich 70 Jahre Lebenserfahrung. Und andererseits gehe ich zurück ins Kindesalter. Ich verkörpere also beide Seiten: die erfahrene und die kindliche. Was für ein Geschenk!

Das Leben ist eine grosse Bereicherung. Wir sind so begütert, hier auf dieser Erde zu sein. Das Leben ist so einfach. Wir brauchen das „Spiel des Lebens" nur zu lernen – fröhlich sein, happy sein, tanzen, und Freude in die Welt bringen. Und diese Freude mit Spirit zu vereinen. Denn es geht nicht um die oberflächliche Freude, sondern um „Joy" beyond.

7. Kapitel: Happy Money

Leben und Geld sind miteinander verbunden: ohne Geld kein Leben. Und ohne Leben kein Geld. Doch ist unser Leben glücklich? Und ist unser Geld glücklich?

Geld hat in unserer heutigen Welt ein enormes Gewicht. Unser Unwohlsein hängt indirekt damit zusammen. Denn wir haben unseren Fokus auf das Äussere – das Materielle – gesetzt und unser Inneres vergessen bzw. in den Hintergrund geschoben. Und somit kann keine wahre Happiness entstehen.

Zunächst zur Frage: Was ist überhaupt Geld? Chat GTP antwortet: „Geld ist ein universelles Tauschmittel, das verwendet wird, um den Wert von Waren und Dienstleistungen zu messen, zu speichern und auszutauschen. Es erfüllt mehrere zentrale Funktionen in der Wirtschaft:

1. **Tauschmittel**: Geld erleichtert den Handel, indem es einen allgemeinen Wert darstellt, der den direkten Tausch von Waren oder Dienstleistungen überflüssig macht.

2. **Wertaufbewahrungsmittel**: Geld dient dazu, Kaufkraft über die Zeit zu speichern, sodass man es sparen und später ausgeben kann.

3. **Recheneinheit**: Es ermöglicht die Bewertung und Preisgestaltung von Waren und Dienstleistungen und schafft eine gemeinsame Basis für den Wertvergleich.

4. **Schuldentilgungsmittel**: Es wird verwendet, um Schulden zu begleichen oder finanzielle Verpflichtungen zu erfüllen.

Geld kann in verschiedenen Formen existieren: physisch als Münzen und Banknoten oder digital als Guthaben auf Bankkonten. Die Akzeptanz von Geld basiert **auf dem Vertrauen der Menschen** in seinen Wert und seine Fähigkeit, als Tausch- und Wertaufbewahrungsmittel zu dienen."

Nun zur Frage: **Können wir noch Vertrauen haben – in unser Geldsystem?** Aber viel wichtiger: Können wir aufgrund unseres heutigen Geld-Bewusstseins überhaupt glücklich sein? Kommen wir dadurch in die Fröhlichkeit, Gelassenheit und Leichtigkeit? Oder gehört unser heutiges Geld-Bewusstsein der Vergangenheit an? Muss sich etwas in unserem Bewusstsein ändern, damit wir mit Geld glücklich werden? Das sind alles psychische oder philosophische Fragen. Die Reichen würden sagen: Wir sind doch glücklich. Die Armen würden sagen: wir sind es nicht.

Nun gibt es 10 % Reiche und 90 % Nicht-Reiche. Damit kann man aber nicht ableiten, dass 90 % nicht glücklich sind. Viele von ihnen sind es – und zwar im Inneren. Und viele von den Reichen sind es nicht. Nicht alle Reichen sind glücklich – nach aussen hin sind sie es natürlich. Aber nicht nach Innen. Und ihre Nachkommen ganz besonders nicht. Sie suchen nach ihrer Bestimmung – nach ihrem wahren „Ich".

Es geht mir also um das Innen und nicht um das Aussen. Viele Menschen suchen das Glück und die Glückseligkeit im Außen, z.B. im Geld, Besitztum und Anhäufen. Doch das Glücklichsein sitzt nicht im Außen, sondern in uns drinnen.

Ich war 40 Jahre in der Geldindustrie tätig, zunächst auf der Kreditseite in Venezuela und dann 25 Jahre als Private Banker für sehr vermögende Menschen in Lateinamerika, USA und Deutschland. Auf der Kreditseite habe ich grossen Unternehmen sowie Staatsstellen hohe Kredite gewähren dürfen. Ich erlebte, wie sie mit den Geldern umgingen. Venezuela war damals eines der reichsten Länder aufgrund ihres Erdöls. Sie brauchten eigentlich keine Kredite. Aber sie bauten damit verschiedene Industrien auf, die später zusammenbrachen. Und somit war auch das Geld weg.

Als Private Banker zeichnete ich für die Neukundengewinnung und ihrer Gelder verantwortlich. Ich erlebte den Umgang dieser Menschen mit Geld hautnahe. Es waren alles Unternehmer. Fast alle hatten bei null angefangen und heute ein Vermögen von 2- bis 3-stelligen Millionenbeträge. Ich fragte mich, wie sie diese erwirtschaftet haben. Wahrscheinlich spielten Moral und Ethik keine allzu grosse Rolle, so wie es heute noch im Wirtschaftsleben der Fall ist. *Aufgrund von Gewinnstreben und Konkurrenzdruck werden dem Konsumenten – durch geschicktes, teilweise aggressives Marketing – Produkte verkauft, die nach aussen „glänzen", aber im Inneren faul sind. Der Kunde fühlt sich mit diesem Produkt glücklicher als mit dem anderen.*

Aber im Grunde ist er nur vernebelt aufgrund eines hervorragenden Marketings, d.h. Werbeversprechen des Produzenten bzw. Dienstleisters. Die heutigen Sozialen Medien wie Apple, Google, Facebook, Instagram, WhatsApp, Telegram, TikTok, die Plattform X sind dabei dienlich. Social Media wirkt sich übrigens negativ auf Zufriedenheit und Happiness aus.

Auf jeden Fall war ich für meine vermögenden Privatkunden ihr Arzt, Therapeut und Psychologe. Denn in unseren persönlichen Gesprächen ging es um ihre Psyche, ihre Gefühle zum eigenen Unternehmen und um ihre Familie. Obwohl in unseren tiefgründigen Gesprächen die Frage, worin wir nun das Geld anlegen, nur am Rande vorkam, stand das Thema Geld jedoch im Gespräch indirekt im Vordergrund.

Viele machten sich Gedanken, wem in der Familie sie ihr Vermögen anvertrauen und wen sie als Nachfolger ihrer Firma einsetzen. Oder wie sie ihr Vermögen schützen: „Wie verliere ich nicht, was ich habe?" Hier spielt also Angst eine grosse Rolle. Angst und andererseits Gier sind die beiden Treiber im Geldgeschäft.

Ich habe also Menschen mit sehr viel Geld kennengelernt und betreut und habe ihre Ansichten zu Geld wahrgenommen. Bei vielen ging es darum: Wie mache ich mehr Geld daraus; wie verdiene ich noch mehr Geld (obwohl sie schon 50 Mio. oder mehr hatten).

Für andere waren 50 Mio. genügend. Sie machten etwas Gutes mit ihrem Geld, z.B. durch Einsatz in Bildung und Förderung von jungen Menschen. D.h. sie gingen weise und sozial mit Geld um. Wieder andere spielten mit Geld leichtfertig herum – gewann und verloren. Entweder hatten sie ein gutes Gut-Feeling oder nicht.

Auf der anderen Seite habe ich in Lateinamerika Menschen kennengelernt, die nichts hatten, aber aus dem Herzen heraus lächelten. Auch in Europa habe ich Menschen mit wenig Einkommen erlebt, die sich zwar gewisse Sorgen machten, andererseits ein inneres Wissen hatten, dass sie immer versorgt sein werden.
Es hängt also von der **inneren Einstellung** ab, ob ich glücklich bin oder nicht – mit viel Geld oder mit wenig.

Doch viele Menschen leben nicht in ihrem Inneren, sondern im Aussen. Sie machen sich Gedanken über Geld. Sie können nicht schlafen, sind Workaholic, oder trinken, spielen, etc. (meist auch vermögende Menschen). Sie haben den Boden unter ihren Füssen verloren. Viele Kliniken in der Schweiz sind von Patienten mit diesen Phänomenen belegt. Die Ursache können Traumata sein – in der Kindheit oder später – oder Glaubensmuster. Und Geld spielt dabei meistens eine Rolle. Ich habe das aus meiner eigenen Ursprungsfamilie lernen dürfen. In den Kliniken ist das Thema aber noch nicht angekommen.

Das Dogma des Geldes, ob reich oder arm, ist generell mit Sorgen, Verlustängsten und Habgier verbunden. Als Konsequenz wird Geld gehortet. Somit ergibt sich ein Stau. Der Fluss möchte fließen. Wasser muss fließen. Auch das Geld sollte fließen. Aber es fliesst nicht mehr. Warum nicht? **Wir sind mit Geld nicht gut umgegangen.**

Hinzu kommt die familiäre Sicht auf das Geld, die ebenfalls meist durch eine negative Sichtweise bestimmt ist. Wie zuvor erwähnt, sind die familiären Hintergründe in Bezug auf Geld ein ganz wichtiger Faktor. In der Kindheit haben wir von unseren Eltern und Grosseltern viele Dinge über Geld gehört. Diese Aussagen, Meinungen, Ansichten über Geld sind in uns eingepflanzt. Vielleicht haben wir sie schon bei der Zeugung oder während der Schwangerschaft mitbekommen.

Auch hat die Geschichte gezeigt, dass Geld oft auf unethische und moralisch verwerfliche Art und Weise erworben wurde. Viele Familien haben sich irgendwann in ihrer Geschichte auf diese Weise Geld angeeignet. Dafür gibt es viele Beweise. Nicht nur dem Max-Planck-Institut ist dieses bekannt, sondern auch Historikern. Ich selbst durfte es aus meiner eignen Familie erfahren.
Und wenn wir Geld auf unethische Weise erworben haben, hat das unterbewusste Auswirkungen auf die Psyche, Beziehungen und die Finanzen innerhalb der Familie. Und das über Generationen hinweg.

Was muss geschehen, um alle Menschen glücklich mit ihrem Geld zu machen? Wir müssen unser Bewusstsein ändern. Geld ist ein Tauschmittel, wie wir wissen. Mit diesem Tauschmittel dürfen wir ab jetzt anders umgehen: mit Liebe, mit Freude, mit Herzlichkeit. Wir dürfen es anderen Menschen – der Kassiererin im Supermarkt, dem Tankwart, dem Kellner – mit Liebe und unserem Herzen geben und ihnen alles Gute wünschen. Wir dürfen das Geld ehren, es lieben, es anerkennen. Das Geld wird somit „warm". Denn bisher ist es „kalt und gefühlslos". Wir dürfen die Energie umdrehen – unsere Gefühle hineingeben. Denn Geld ist Energie.

Für viele Menschen ist das neu. Denn für sie ist Geld dunkel, schwer, evtl. schwarz. Geld ist zwar neutral. Aber Menschen betrachten es in diesen verschiedenen Formen. Es sind wir Menschen, die die Energie des Geldes negativ gemacht haben bzw. es so ansehen. Aber wir Menschen haben die Macht, es umzudrehen. Denn wir Menschen haben die Macht über das Geld. Wir können positiv oder negativ damit umgehen.
Wir können ab heute entscheiden, in welche Richtung wir und das Geld gehen sollen. Wir dürfen heute die Energie „Geld" anders ansehen. Wir dürfen sie lieben, ehren, anerkennen und gut damit umgehen.

Wenn wir mit Geld gut umgehen und es gut einsetzen, dann kommt **Freude und Gesundheit** (und keine Ängste, Sorgen, schlechtes Gewissen, Depressionen) heraus. Das ist das bekannte Prinzip von Ursache und Wirkung.

Wir dürfen unsere Energie jetzt positiv einsetzen, wenn wir glücklich werden möchten; und wenn wir möchten, dass das Geld zu uns fliesst. Denn bisher sind wir nicht gut mit Geld umgegangen. Das ist der Grund, warum das Geld nicht mehr fliesst. Viele Menschen und viele Unternehmen (VW, Mercedes, Nestle, Nike) erleben es bereits. Das Geld fliesst nicht mehr wie vorher. Und bald werden es auch einige Regierungen bzw. Länder (USA, Frankreich, Italien) erleben.

Zum Erlangen von Happiness gehört also ein neuer – ein positiver Umgang mit Geld. Dann kommen wir in die Fröhlichkeit und Freude. Und somit kreieren wir HAPPY MONEY. Wir dürfen die Geld-Energie mit Positivität aufladen. Wir dürfen das Geld HAPPY machen.

Happy Money ist keine neue Währung, sondern ein neues Bewusstsein – eine neue Wahrnehmung über Geld. Wir müssen also das Bewusstsein des Menschen ändern. Unser bisheriges Bewusstsein hatte kein hohes Niveau. Es war an das entsprechende Zeitalter gekoppelt, d.h. es ging einher mit den historischen Gegebenheiten. Am Anfang ging es ums Überleben. Geld wurde eingesetzt, um das Leben zu retten. Wir sehen es heute noch bei den Menschen aus Afrika oder den Krisengebieten wie Syrien, Afghanistan, usw., die Geld an Schlepper zahlen, um ihr Leben zu retten und in ein sicheres Land zu kommen.

Im Krieg benutzten wir Deutsche das Geld, um damit etwas zu Essen zu kaufen, also wieder zum Überleben. Heute benutzen wir Geld, um mehr daraus zu machen, um es zu vervielfältigen. Und viele streben nach mehr und mehr. Sofern das Streben nicht dem Ego dient, also um ein inneres Loch zu füllen oder um Status zu erhalten, sondern dem Gemeinsinn dient, ist es in Ordnung.

Doch Menschen in Entwicklungsländern kämpfen immer noch damit zu überleben. Zu ihnen kommt das Geld nicht leicht. Es fühlt sich schwer an.

Heute leben wir in einem neuen Zeitalter. Die Sichtweise aufs Leben und aufs Geld ändert sich gerade. Viele Menschen sind mit der bisherigen Sichtweise nicht mehr zufrieden. Sie fühlen sich stecken geblieben, ausgelaugt, erschöpft, antriebslos und lebensmüde. Sie suchen nach etwas Neuem – etwas, das ihnen Halt, Zuversicht und Freude gibt. Sie suchen nach dem goldenen „Boden" oder dem rettenden Baum im Ozean.

Unsere Aufgabe ist es, Geld zum Fliessen zu bringen, Geld fröhlich anzusehen, Geld golden – als „Gold" zu betrachten und aus unserem bisherigen, als schwer und dunkel angesehenen Geld einen Fluss von Happy Money zu machen.

Wir dürfen den Menschen **heute ein neues – ein erweitertes Geld-Bewusstsein zukommen lassen** – den Menschen in den Entwicklungsländern, deren Geld-Fluss nur spärlich fliesst, sowie den Menschen in den entwickelten Ländern, deren Geld-

Fluss zwar stetiger doch immer noch zu gering ist; aber auch den Menschen, deren Geld-Einnahmen prosperierend sind.

Die Vergangenheit von uns allen dürfen wir hinter uns lassen und aus unserem Gedächtnis streichen. **Wir sind auf einem höheren Bewusstseins-Niveau angekommen**. Und damit auch auf eine neue Sichtweise und Einstellung zum Thema Geld.

Einige Menschen werden noch nicht sofort auf den Zug des fröhlichen Geldes aufspringen. Sie müssen - von ihrer Seele her gesehen - noch durch den Weg des geringen Geld-Flusses gehen. Aber es wird ihnen nicht schlecht ergehen. Sie werden nicht um ihr Überleben kämpfen müssen. Es ist eine Lernaufgabe für sie – mit wenig auszukommen. Das betrifft auch Menschen, die bisher viel hatten und im Überfluss lebten. Auch sie lernen, mit weniger glücklich zu sein. Denn wie wir seit immer wissen: Geld macht nicht glücklich.

Wir möchten aber glücklich werden. Indem wir mit Geld nicht gut umgegangen sind und indem wir uns mehr auf das Materielle anstatt auf unser Inneres fokussiert haben, sind wir nicht glücklich. Damit wir happy werden, müssen wir anders mit Geld umgehen und es anders ansehen. Denn das Geld möchte happy werden. Durch einen anderen Umgang und eine andere Sichtweise wird es happy. Und dann kommt es zu uns.

Wenn wir den Fokus mehr auf **innere Werte** anstatt auf materielle Werte legen, dann kommt **Happy Money** heraus. Und dann sind wir happy. Wir sind dann mehr an Zufriedenheit, Freude und Happiness interessiert als an finanzieller Rendite.

Das Geld läuft sowieso nicht mehr rund, d.h. die finanzielle Rendite und damit die Jagd nach Rendite neigt sich langsam dem Ende zu. Wir sehen es an den abnehmenden Asset-Preisen. Die Inflation, das abnehmende Vertrauen, die hohe Verschuldung und andere Gründe führen zu reduzierten Renditen bzw. Ausfall.

Aus dem harten Geld wir jetzt **weiches – emotionales** und damit **glückliches Geld**. Und wir werden happy. Denn heute sind wir nicht happy, weil wir der materiellen, finanziellen Rendite nachjagen und uns an Luxusgütern und Statussymbolen orientieren.

Diese neue Transformation des Geldes hat folgenden Nutzen: Der soziale Wert des Menschen wird angehoben und ist nicht mehr durch seinen Besitz an materiellen Gütern bestimmt, sondern was er an **emotionaler Freude** für sich und andere erschafft. Es geht also um ein neues Miteinander anstatt Konkurrenz und Eigenprofit. Der Erfolg wird nicht mehr am finanziellen Gewinn und Reichtum gemessen, sondern an der **Zufriedenheit und an den positiven Emotionen.**

Menschen würden keine materiellen Güter akkumulieren, sondern durch Grosszügigkeit, Fürsorge und ihre Fähigkeiten **Freude schenken.** Die Bindung zwischen Menschen könnte somit an Tiefe und Bedeutung gewinnen. **Vertrauen** wäre die neue „Währung". Das heutige Geld wäre eine Nebensache.

Emotionelle Werte wie **Empathie, Mitgefühl, Freude und Zufriedenheit** würden die wertvollsten Ressourcen.

Es ist ein gegenseitiges Inspirieren: Wir werden happy, wenn wir mit Geld anders umgehen und sehen, wie es wächst. **Und das Geld wird happy, weil wir glücklich sind.** Somit kommt es zu uns. Wir machen uns gegenseitig happy. Es ist ein Neustart unseres Geld- und Lebenssystems.

Wir werden wie Kinder. Kinder sind nicht happy, weil sie Geld haben. Sie sind aus sich heraus happy. Und dann bekommen sie die Geschenke (Geld- und andere Geschenke). Und sie setzen es ein und bauen im Spiel eine neue Welt auf und sehen es wachsen. Sie freuen sich daran und sind happy. Geld spielt für sie eine Nebenrolle. Es ist nicht schwer, sondern leicht.

Auch wir sehen jetzt Geld anders an: Unsere bisherige Sichtweise „Geld ist schwer; es ist mit Neid, Eifersucht, Betrug verbunden" transformieren wir in: Geld ist leicht. Es kommt leicht zu uns. Aus dem heutigen schweren, dunklen, befleckten, traurigen, leidvollen Geld wird „**Happy Money**".

Wir stellen uns vor, dass fröhliches Geld zu uns fliesst. Wir nehmen es in den Arm und haben es lieb – sehr lieb. Diese Metapher stellen wir uns jeden Tag vor. Und dann kommt **fröhliches Geld** zu uns geflossen – erst spärlich und dann immer mehr.

Wir ändern also unsere Absicht: Nicht mehr das Streben nach immer mehr, sondern zufrieden sein mit dem, was wir haben. Und Geld in Dinge einsetzen, die dem Wohle aller dienen.

Und wir haben Vertrauen und glauben an eine grössere Instanz: Eine unsichtbare, kosmische Energie unterstützt uns, weil unsere Absicht eine gute, zugunsten von Erde und Mensch ist – also dem Gemeinwohl dient und nicht nur (wie bisher) uns allein und unserem Ego.

Dieser Glaube und das Vertrauen sind eine neue Bewegung, die **Money & Spirit** heisst. Das bedeutet, dass Geld kommt aus einer grossen Kraft, sobald wir umgedacht haben, unsere Absichten geändert und Vertrauen entwickelt haben. Unsere bisherigen Handlungen, Gedanken und Absichten in Bezug auf Geld und der destruktive Umgang damit dürfen wir vergessen. Die Zeiten von Gier, Neid, Eifersucht, Betrug, Manipulation und Korruption um das Geld herum sind definitiv vorbei.

Wir holen das Geld – das Gold – vom Himmel auf die Erde. Wie? Indem wir das goldene Licht - unsere Intuition und Inspiration - jeden Tag durch uns fließen lassen. Dieses Licht macht uns aufmerksam auf die Dinge, die wir anpacken sollen, um Neues zu erschaffen. Denn wir sind mit Gaben geboren. Und die dürfen wir jetzt einsetzen, um die disruptive Welt in eine neue - schönere - zu verwandeln.

Happy Money ist also die neue Geld-Energie. Wir entwickeln eine neue Einstellung zum Geld: Keine Sucht nach Geld, kein Rennen nach Geld mehr! Und evtl. lösen wir die Verbindung zur Familie, und zwar die negativen Energien.

Eine Bekannte erzählte folgendes Beispiel. Ihr Vater hatte kein gutes Verhältnis zu Geld. Es floss aus seinen Händen. Das Geld blieb nicht bei ihm. Und genauso erlebte es seine Tochter, als sie Erwachsen war. Eines Tages lernte sie eine Energie-Mentorin kennen. „Sie müssen sich von der Energie Ihres Vaters trennen", sagte sie. Und das tat sie, indem sie zu ihrem Vater gedanklich sagte: „Dein Umgang mit Geld ist nicht mein Thema (meine Verantwortung), sondern Deine. Ich habe damit nichts zu tun. Ich befreie mich jetzt von dieser destruktiven Energie." Und ab diesem Zeitpunkt floss das Geld zu ihr. Und es blieb bei ihr. Und das Geld fühlt sich wohl bei ihr und vermehrt sich. Es liebt die Frau. Und die Frau liebt das Geld.

Und so ist aus einem unglücklichen Zustand ein glücklicher geworden. Meine Bekannte ist sehr glücklich, weil sie auch andere Themen mit dieser Methode heilen konnte. Wie hat sie es geschafft? Verstrickungen mit der Familie zu lösen, in diesem Fall Geld-Verstrickungen. *Wir können alle Verstrickungen lösen: in der Familie, im Beruf, schlechte Beziehungen, langweilige Jobs, Alkohol und andere Probleme.*

Aber wie eingangs gesagt: Wir dürfen unsere Vergangenheit aus unserem Gedächtnis streichen. Ein neues Zeitalter hat angefangen. Wir dürfen Geld als ein Mittel betrachten, das ab jetzt leicht zu uns kommt, das golden ist, das zu uns fliesst.

Wir dürfen heute die familiären und persönlichen Altlasten eliminieren. Denn der Ursprung und die Ursache für unser Unwohlsein im emotionellen und monetären Bereich sind innerhalb unserer Familien-Geschichte zu finden. Dies führt uns zu unseren Wurzeln und zu den Wurzeln unserer Familie, und somit vielleicht zu Leid, Schmerz und Trauer, verursacht durch die Familie.
Auf dem Weg zum positiven Geld-Umgang lernen wir zu vergeben. Und wir versöhnen uns mit unserer Geschichte. Am Ende steht die Heilung unserer Vorfahren sowie von uns selbst, und damit unsere Verbindung zum Geld.

Dafür dürfen wir
➝ Unsere Glaubenssätze und Konditionierungen ändern.
➝ Freude bei unseren Tätigkeiten fließen lassen.
➝ Unser Herz öffnen.
➝ Das Geld loslassen und nicht mehr festhalten.
➝ Geld in Mensch und Erde einsetzen und sie glücklich machen.
➝ Vertrauen haben, dass Geld zurückfließt.
➝ An das große Ganze glauben.

Durch unseren Wandel fließt das Geld.
➝ Innerer Reichtum wird wichtiger als äußerer Reichtum.
➝ Freude und Leichtigkeit statt Gier, Angst und Sorgen.
➝ Liebe statt Neid, Missgunst und Eifersucht.

Danach betrachten wir Geld mit anderen Augen – mit einem neuen Bewusstsein. Der Baum ist gepflanzt! Er repräsentiert uns und gibt uns unsere Stabilität. It's an amazing time. Altes geht und Neues kommt. Eine neue Epoche ist angebrochen.
Und das ist der Weg zum HAPPY MONEY.

Geld ist Liebe. Geld ist Prosperität. Geld ist Abundance. Wenn wir Geld in etwas einsetzen, dass unser Herz berührt, erfahren wir das Gefühl des Glücklichseins. Dann kommt Freude auf. Und unsere Ängste verschwinden.
Und wir sehen, wie die Investition wächst. Und wir sind dankbar.

Das neue Geld bringt alles zum Erblühen. Auch wir werden erblühen! Unser Geld erblüht uns: Unsere Gesundheit, unsere Familie, unseren Job, usw. **Wir geben das Geld mit Freude, Liebe und Dankbarkeit. Und wir erhalten es mit Freude, Liebe und Dankbarkeit zurück.** Und somit erblüht die Wirtschaft. Auf diese Art und Weise lässt sich alles „erblühen": **Mit Freude und mit Liebe, Dankbarkeit und Wertschätzung.**

Das Geld dafür wird uns gegeben. Wenn wir aus dem Herzen handeln, kommt das Geld zu uns (automatisch). Lassen wir es geschehen! Haben wir Vertrauen! Lassen wir die Gier nach „mehr" sowie die Angst und Sorgen der Vergangenheit angehören. Lassen wir **Freude, Licht und Sonnenschein** in unser Leben!

Denn das Kapital von Menschen ist nicht nur das „äussere Gold" – das Geld, sondern es sind unsere Potenziale, Talente und Kreativität, unser Mut und Vertrauen, unsere Moral, Ehrlichkeit und Transparenz sowie unsere Fröhlichkeit und Gesundheit. Mit diesem Kapital können wir jederzeit etwas Neues aufbauen.

Viele Menschen gehen bisher aufgrund ihrer Ausbildung einer Tätigkeit nach, die nicht unbedingt mit dem Herzen verbunden ist. Sie verrichten Dinge, die keine Freude machen, also nicht Herz-affin sind. Denn sie machen alles aus dem Verstand heraus, so wie ihnen die Gesellschaft, das Elternhaus, die Schule und Uni gelehrt hat. Dadurch haben sich Menschen Glaubenssätze angeeignet, die heute nicht mehr gültig sind.

Wir dürfen uns heute selbst vertrauen: unseren Gaben, unserer Kreativität und Kompetenz, unseren Intentionen und Intuitionen in den Entscheidungen, die wir treffen bzw. die Wege, die wir täglich wählen, selbst wenn dann etwas schief gehen sollte. Wenn wir Menschen diese neue Erkenntnis unserer Selbst annehmen, dann werden wir „reich". Und dann kommt auch das Geld.

Geld kommt mit Leichtigkeit zu uns, wenn wir
- Geld WERTSCHÄTZEN
- als ENERGIE ansehen, die zu uns zurückkommt, wenn wir gut und wohlwollend damit umgehen (und nicht gierig, ausnutzend, betrügerisch)

- unser HERZ, LIEBE und GEIST (Spirit) einsetzen
- OFFEN und EHRLICH mit uns + allen Menschen sind
- FREUDE haben an dem, was wir tun
- anderen Menschen etwas GUTES tun
- Geld in GUTE DINGE einsetzen
- Geld TEILEN. Teilen = Heilen
- FRIEDEN machen mit dem Geld, mit uns und allen anderen.

Geld ist wie ein geliebtes Baby. Wir nehmen es in den Arm, haben es lieb und gehen sorgsam damit um.

Mit einer neuen Einstellung – einem neuen Blickwinkel – schaffen wir es, aus dem heutigen, für viele „schwerem Geld" fröhliches Geld – HAPPY MONEY zu machen.

Ganz wichtig ist das Vertrauen. Wir hatten bisher Vertrauen in das System, wie eingangs geschrieben: „Die Akzeptanz von Geld basiert auf dem Vertrauen der Menschen in seinen Wert und seine Fähigkeit, als Tausch- und Wertaufbewahrungsmittel zu dienen."

Jetzt geht es um unser Vertrauen – *nicht in das System (was irdisch ist), sondern* **in das Grosse Ganze**. Wir sind verbunden mit allen - auch mit einer höheren Dimension/Instanz (= der Spirit), mit unserem wahren göttlichen „Ich". Und von dort kommt das Geld – in Form unserer auf die Erde mitgebrachten Gaben und Talente.

Als Kind kennen wir noch nicht unsere Gaben und Talente. Aber wir setzen sie bereits unbewusst ein, sind kreativ und erbauen bzw. entwickeln etwas. Dabei kann auch Geld im Spiel involviert sein. Aber der Fokus des Kindes liegt nicht auf dem Geld. Das Kind kennt es ja gar nicht. Der Fokus liegt auf das, was es erbauen – kreieren möchten. Das Geld spielt eine Nebenrolle.

In meinem Buch „Das Fröhliche Geld" schreibe ich über das Kind, dessen Herz offen ist und das berührt wird durch die vielen schönen Dinge, die sich in der kindlichen Welt auftun. Dessen Fantasie und Kreativität sind keine Grenzen gesetzt. Das Kind möchte eine neue Welt aufbauen. Es fängt an, sein Erspartes in eine Gärtnerei zu bringen und eine Pflanze zu kaufen. Es gibt ihr Wasser, Liebe und gute Energie. Somit sieht es diese Pflanze wachsen. Von der Familie bekommt das Kind neues Geld geschenkt und kauft eine zweite Pflanze. Auch ihr gibt es Wasser, Liebe und gute Gedanken. Auch sie sieht das Kind jeden Tag wachsen. Und so baut es eine neue Welt auf – eine Welt, die aus Natur, fröhlichen Menschen und fröhlichem Geld besteht, wo Wertschätzung, Liebe und Fröhlichkeit das neue Lebensfundament sind.

Und das ist die Transformation: Anstatt dass Geld im Erwachsenenalter als schwer angesehen wird und nicht gut damit umgegangen wird, gehen wir zurück ins Kindesalter und sehen Geld als Nebenrolle aber mit hoher Wertschätzung und Liebe an. Und somit kommt das Happy Money zu uns spielerisch.

8. Kapitel: Happiness und Spiritualität

Wir leben in einer sichtbaren und unsichtbaren Welt. Die sichtbare erkennen wir und glauben an die Aussagen der Wissenschaftler, usw. Die unsichtbare ist vielen Menschen suspekt. Die in diesem Feld geäusserten Botschaften glauben wir nicht. Erst wenn diese wissenschaftlich erklärt und belegt sind und diese physisch fassbar sind. Und hier trennen sich die Geister. Die einen brauchen den wissenschaftlichen Beweis. Die anderen nicht. Sie wissen aus ihrer Vergangenheit (Vorleben) und aus ihrer Intuition heraus, dass die unsichtbare und nicht wissenschaftlich bewiesene Welt stimmt und wahr ist.

Wir Menschen sind Energiewesen, die zu fünf Prozent aus Bewusstsein bestehen. 95 % ist Unbewusstsein. Viele meinen, dass unser fünfprozentiges Wissen überproportional ist, so dass wir Ego, Überheblichkeit und Besserwisserei nach aussen tragen können, anstatt uns in Demut und Weisheit zu üben.

Unser physischer Körper besteht aus Energiezentren, auch Chakren genannt. Diese Zentren bilden ein Kommunikationssystem – bestehend aus Nerven und Hormonen. Und diese kommen in den sieben Chakren im Körper zusammen.
Um den physischen Körper herum gibt es Lichtkörper. Und diese Lichtkörper ziehen andere Menschen an, wie im Vorwort geschrieben. Wir dürfen heute unseren Lichtkörper golden glänzen lassen, damit ganz viele Menschen von uns angezogen

werden. **Wir dürfen Freude und Fröhlichkeit ausstrahlen**. Wir dürfen andere Menschen um uns herum glücklich machen. Und wir dürfen andere Menschen auf Augenhöhe begegnen und nicht als Untertan oder Anbetenden ansehen, also Freundlichkeit ausstrahlen.

"It needs just a smile to make other people happy."

Wenn jedoch das Nerven- und das hormonelle System nicht in Balance sind, dann lebt der Mensch in Angst, Kampf oder Flucht. Dann ist seine Welt nicht mehr sicher. Und dann kommt es zu Traumata, Stress und Krankheiten.

Schamanen sind Experten in der Heilung von Traumata. Wenn sie den Körper heilen, dann bringen sie das Nerven- und hormonelle System wieder in Balance. Und dann würden wir nicht Gefahr laufen, unsere Traumata zu speichern – im Vagusnerv, der das Gehirn mit jedem Organ im Körper verbindet. Dann wird der Vagusnerv neu ausgerichtet. Und so heilen wir Traumata.

Und durch diese Balance können wir auch das Bewusstsein von Menschen ändern – von Materialismus zum Inneren des Menschen, vom Egoismus zum Gemeinwohl, vom „ich" zum „wir", vom Geld-Fokus zum Happiness-Fokus und von unserer bisherigen patriarchalischen, männlichen Energie zur weiblichen.

95 % aller Aktionen finden im unsichtbaren Feld statt. Es ist ein Energiefeld, das mit dem Quantenfeld in Kommunikation steht. In diesem Feld sind Schamanen zu Hause. Sie wissen mit Traumata umzugehen. Sie besitzen das Wissen von uralten Weisheiten. Sie sind die alten Weisen.

Auch wir dürfen weise werden. Wir dürfen von den alten Weisen lernen. Wir dürfen unseren Hochmut, unsere Arroganz und Überlegenheit zurückstecken.

Und so kommen wir zur Happiness – einem Glücksgefühl, dessen Quelle nicht das Aussen und damit das Materielle ist, sondern unsere inneren Werte sowie unser Herz und unsere Seele (und damit Psyche).

In diesem Zusammenhang: Wie kann es sein, dass ein Mensch, dessen Körperzellen voller Krebs sind und wissend, dass er nur noch wenige Monate zum Leben hat und dass er einen jungen Menschen – den Sohn mit 18 Jahren auf der Welt allein zurücklassen wird, **voller Freude, Lachen, Positivität** ist? Diesen Menschen durfte ich im Jahre 2015 in Palm Beach/Florida im Hippocrates-Health-Institute kennenlernen, als ich dieses Institut das erste Mal besuchte. Jackie stand in der Mitte des Speisesaals – blond, engelhaft, strahlend, glücklich. So empfing sie mich, ohne zu wissen, wer ich war.

Sie erzählte ihre Geschichte. Ich war tief beeindruckt. Was für ein Leid. Was für ein Schicksal. Und dann diese Freude. Diese Happiness. Dieses tiefe innere Wissen. Diese göttliche Erscheinung.

Jackie Campisi war Augenärztin in Connecticut bei New York mit einer erfolgreichen Praxis. Dann wurde ihr Rückenmark-Krebs diagnostiziert. Sie ging durch eine sehr schwere Zeit in ihrem Leben. Am Ende war der Krebs besiegt, ihre Praxis verloren und die Krankenversicherung durch die sehr hohen Krebskosten gekündigt worden.

Sie erfuhr vom Hippocrates-Health-Institute in West Palm Beach und zog mit ihrem Partner nach Florida. In diesem Institut fing sie an zu arbeiten und half Krebspatienten ihre Welt hoffnungsvoll und positiv, anstatt traurig und negativ zu sehen. Sie gab ihnen **Halt, Zuversicht, Lebensfreude**.

Dann stellte sich bei Jackie erneut Krebs ein. Die Ärzte gaben ihr ein Jahr zum Leben. Sie blieb fröhlich, hoffnungsvoll und strahlte den ganzen Tag. Ich begleitet sie und ihren Partner über eine sehr lange Zeit. Ich lebte damals in Miami und fuhr ständig nach Palm Beach, um sie zu sehen und ihr Kraft zu geben, ihre Weisheit in mich aufzunehmen und ihre unsichtbare Verbindung zu etwas Grösserem – einer Quelle, aus der sie täglich schöpft – zu erfahren. Sie war nicht gläubig. Aber es war eine Quelle vorhanden, die sie führte und ihr Kraft gab, so dass sie nicht nur sich selbst, sondern auch andere Menschen zu etwas Unglaublichen anführen konnte – ihnen **Fröhlichkeit, Happiness und Freude** zu vermitteln.

Nachdem das von den Ärzten vorausgesagte Jahr vorbei war und sie immer noch lebte, war für sie ein zusätzliches

Glücksgefühl geboren. Es dauerte noch ein weiteres Jahr, das sie leben durfte. Doch es wurde immer schwieriger, weil sie ihren Job im Institut verloren und somit kein Geld mehr hatte und ihr Körper langsam dem Ende entgegensah. Zum Schluss bekam sie eine Stammzellen-Transplantation gesponsert. Aber das half auch nicht mehr. Ich war in der Zwischenzeit nach Hamburg zurückgekehrt, sprach oder schrieb jedoch ständig mit ihr. Und dann schlief sie ganz langsam ein.

Zwei Monate später hatte ich einen Flug nach Miami gebucht, um Freunde zu besuchen. Was für eine Überraschung. Ich bekam die Nachricht, dass am Sonntag nach meiner Ankunft ein Memory-Service für Jackie in West Palm Beach stattfinden sollte. Was für ein Zufall, dass dieser Service geplant war, wenn ich gerade in Miami sein werde. Die Organisatoren des Abschieds-Service wussten nicht, dass ich eine Reise nach Miami geplant hatte. An dem Sonntag fuhr ich selbstverständlich nach Palm Beach und hielt die Trauerrede für Jackie Campisi.

Es war eine sehr schöne Feier – voller Leichtigkeit, Freude und Dankbarkeit für Jackie's Botschaften an Menschen, denen sie **Kraft, Zuversicht, Licht und Liebe** gab sowie meine tiefempfundene Dankbarkeit, dass ich Jackie kennenlernen durfte – dieses engelhafte, fast göttliche Wesen, das heute als Unsichtbarkeit über uns schwebt und uns ihre Happiness auf die Erde bringt.

Im September 2007 habe ich bei einer bedeutenden Privatbank in Hamburg einen Vortrag gehalten: „Wie hole ich das Gold des Himmels auf die Erde“. Das Gold des Himmels ist auch unsichtbar. Man kann es nicht anfassen. Aber es ist da. Das Gold ist zum einen unser inneres Gold – unsere mit der Geburt auf die Erde gebrachten Talente, Potenziale und Gaben. Und andererseits ist es das äussere Gold – unser Geld, das aufgrund unserer Gaben zu uns fliesst. Es sind also die inneren Werte, die wir materialisieren. Und damit zum Thema: Wie hole ich das Gold des Himmels auf die Erde?

9. Kapitel: Wie hole ich das Gold des Himmels auf die Erde?

Am 17. September 2007 hielt ich folgenden Vortrag im Hause der damals ehrenwerten Privatbank Sal. Oppenheim, in den Geschäftsräumen ihre Hamburger Niederlassung. Mir war zuvor die Intuition – die Eingebung gekommen, dass die 200-jährige Privatbank nicht mehr so lange in dieser Form bestehen bleiben wird. Und tatsächlich: Einige Zeit später musste die Bank aufgrund eines unvorsichtigen und spekulativen Umgangs mit Geld von der Deutschen Bank übernommen werden. Sonst hätte sie Konkurs anmelden müssen.

Was für eine Schande für eine Familie, die über sieben Generationen dieses bis dahin ehrenwertes Bankhaus geführt hatte. Aber wie in diesem Buch beschrieben: Familienmitglieder dürfen durch Schicksale gehen, die nicht unbedingt auf deren Ursache beruhen, sondern auf Ursachen ihrer Vorfahren. Sie sind nun mal in diese Familie hineingeboren worden, da sich ihre Seele diese ausgesucht hat und weil sie entsprechende Erfahrungen machen wollte.

Übrigens wurde ich einen Tag nach dem Vortrag zur Geschäftsleitung gebeten. Mir wurde offeriert, dass man nicht glücklich über den Inhalt des Vortrages war, da man daraus keinen monetären Profit ziehen konnte. Andererseits war das Feedback des Publikums sehr positiv. Denn am Ende des Vortrages stand eine angesehene Hamburger Dame auf, mich zu beglückwünschen, dass ein so komplexes Thema so komprimiert und anschaulich dargeboten wurde und lud mich auf eine Reise nach Indien ein, wo dieses Thema des inneren Reichtums sowie Spiritualität in einer Universität gelehrt werden. Einige Wochen später reiste ich nach Indien.

Am 5. Oktober 2007 habe ich den gleichen Vortrag im Rotary Club Hamburg-Altona gehalten. Er kam bei einigen Rotariern gut, bei anderen nicht gut an. Ich hatte einige Monate zuvor schon mal einen Vortrag über Lateinamerika gehalten und zum Schluss erwähnt:
„Viele Lateinamerikaner, besonders die Ureinwohner (Indios), haben kein materielles, aber ein inneres Vermögen. Dieses drückt sich durch ihre leuchtenden, fröhlichen Augen und ihr Lachen aus. Hier in Westeuropa sehe ich Menschen mit ganz viel äusserem Vermögen, aber kein Lachen und keine leuchtenden, fröhlichen Augen im Gesicht."
Auch mit dieser Aussage machte ich mir keine Freunde. Die Rotarier schauten verlegen zur Seite.

Hier nun mein Vortrag:

Sehr verehrte Damen, sehr geehrte Herren, liebe Freunde!

Herzlich willkommen in diesen wunderbaren Räumen von Sal. Oppenheim. Zunächst möchte ich der Privatbank Oppenheim und deren Leiter für Norddeutschland, Herrn von Hirschhausen, danken hier sprechen zu dürfen.

Ich freue mich, hier heute über ein ganz besonderes Thema referieren zu können:

„Wie hole ich das Gold des Himmels auf die Erde?"

-   Ich möchte mich kurz vorstellen,
-   den Lebensweg von Michael H., eines Kaufmanns aus Lateinamerika, skizzieren,
-   und Ihnen meine Vision von WAHREM REICHTUM aufzeigen.

Der Sinn dieses Vortrages ist, BEWUSSTSEIN zu schaffen für die EINHEIT von innerem und äußeren REICHTUM.

- Vita von Rafael D. Kasischke
- Vita von Michael H.
- Vision von WAHREM REICHTUM
- BEWUSSTSEIN schaffen von innerem und äußerem Reichtum.

1. **Persönliche Vorstellung:**
    Ich bin verheiratet, habe eine Tochter von 13 Jahren und einen Sohn von 11 Jahren. 15 Jahre meines Lebens habe ich als Banker in Lateinamerika verbracht. Weitere 6 Jahre in den USA. Ich war angestellt bei den renommierten deutschen und Schweizer Banken. Seit vielen Jahren bin ich als Berater für Banken selbstständig.

Durch meine persönlichen Erfahrungen und Schicksale bin ich auf einen ganz neuen Weg gekommen. Und davon möchte ich Ihnen heute berichten.

Ich möchte **Ausgleich von Reichtum** schaffen, für die, die es zulassen.

Der Stellenwert des Geldes ist „out of Balance". Er muss vom Überdimensionalen wieder auf das Vernünftige gesenkt werden.
Der Mensch und nicht das Geld sollte wieder im Mittelpunkt des Lebens stehen, weil Geld allein nicht glücklich macht.

Wie soll das gehen? Idee:
Man könnte **Geld** zu **Gold** machen.
Denn **Gold** bedeutet **innerer** und **äußerer** Reichtum!

Gold ist nämlich nicht nur ein Metall,
Gold ist auch eine Energie,
also eine geistige Kraft, die es zu nutzen gilt.

Zitat: In diesem Sinne ist auch die Äußerung des ex-Präsidenten von Abu Dhabi zu verstehen, der sagte:
„Reichtum hat keinen realen Wert, solange er nicht den Menschen dient." (Sheik Zayed bin Sultan Al Nahyan)

2. Fotoauswahl

a) reiche, berühmte Persönlichkeiten (äußerer Reichtum).
   Wie Sie erkennen können, handelt es sich hierbei um
   Persönlichkeiten, die einen unglaublichen materiellen
   Reichtum erschaffen haben.

b) glückliche, herzliche Menschen: Liebe, Freude,
   Freundschaft, Seele = innerer Reichtum.

Wir alle kennen diese großen Männer des Geldes
und sehen auch ihre innere Not.
Wir alle kennen Momente des Glücks und der Liebe
und spüren die große Sehnsucht danach.

Warum haben vermögende Europäer und Amerikaner aus
Angst und Sorgen um ihr Geld oftmals angespannte Gesichter?
Warum haben arme Menschen ein glückliches Lächeln im
Gesicht?

Was sind wahre Werte?

Was ist äußerer Reichtum?
Was ist innerer Reichtum?
Wie erlange ich beides?

Wie wird aus Geld GOLD?
Welches Gold ist hier gemeint?

Daran kommen wir nur, wenn wir eines tun:
Wir müssen den geistigen Weg gehen,
wir müssen das Geld beseelen.

3. Geschichte von Michael H.

Diese WEISHEIT haben schon einige Menschen erfahren, wie
z.B. der Kaufmann Michael H., von dem ich Ihnen jetzt kurz
erzählen möchte.
Warum gerade er?
Weil Michael H. begriffen, dass nur die EINHEIT von innerem
und äußeren REICHTUM zum GLÜCK führt.

Michael H. wird 1941 in Hamburg geboren.
Er kommt aus bescheidenen Verhältnissen.
Er macht eine Lehre als Ex- und Importkaufmann.
Als er 20 ist, beginnt sein LEBENSGLÜCK: er bekommt
die Möglichkeit in einer Lebensmittel-Kette in Lateinamerika
zu arbeiten.

Doch schon bald trifft Michael der erste Schicksalsschlag: die
Inhaber sind leichtsinnig mit den Finanzen umgegangen. Die
Firma geht in Konkurs.

Michael ergreift eine neue Chance. Er baut eine Zuckerrohr-
Plantage auf. Doch auch dieses Unterfangen scheitert.
Ein Feuer zerstört die gesamte Plantage.
Er steht auf der Strasse: hat hohe Schulden und keinen Job.

Was ihm wirklich geholfen hat, bei all diesen
Schicksalsschlägen, ist seine Frau Marilu, die er kurz
nach seiner Ankunft in Peru kennen lernt und heiratet.
SIE ist es, die Michael auf seinem Lebensweg begleitet.
Sie steht ihm immer zur Seite – auch in den dunkelsten
Momenten.
Sie ist es, die einen Lichtstrahl ins Dunkel seiner geschäftlichen
Situationen bringt.
Sie macht ihm immer wieder MUT. Sie schaut ihn mit ihren
warmen dunkelbraunen Augen an und er weiß, dass er
weitermachen soll.

Und so kann er in seinem Leben sehr viel bewegen. Er wird zu einem erfolgreichen Unternehmer in der Schifffahrtsbranche und baut ein großes Vermögen auf.
Aber auch auf diesem Weg erlebt er Höhen und Tiefen. Er lernt seine Lektionen im Leben. Er macht Erfahrungen, die sehr weh tun.
Er wird erpresst und muss einem Regierungsbeamten jahrzehntelang einen Grossteil seines Geschäftsgewinnes abgeben. Und er lebt mit der ständigen Angst, seine Familie durch Kidnapping zu verlieren. Seine Kinder lässt er deshalb im Ausland studieren.
In all diesen Situationen lächelt Marilu ihn mit ihren warmen Augen an, denn sie ist sich bewusst, dass man das Schicksal nie lenken kann...

Er ist weise geworden. Er hat nach dem Sinn des Lebens gesucht und er hat ihn erfahren. Er hat seinen Weg in seinem Leben gefunden, den er auf Erden gehen sollte.
Und darum geht es doch auf der Erde: Jeder sollte seinen Weg finden. Und jeder muss diesen Weg alleine gehen.
Dabei wird jedem jedoch geholfen. Hilfreich dafür ist die innere Haltung: **„Gott-Vertrauen haben."**.

Wenn Michael heute von seiner Wohnung in Hamburg über den Hafen schaut und über sein Leben nachdenkt, dann ist er stolz auf das, was er erschaffen hat, und fühlt sich sehr glücklich.
Seine Frau und seine vier Kinder erfüllen sein HERZ.

Es ist der AUSGLEICH zwischen materiellen und inneren
WERTEN. Es ist **REICHTUM** geschaffen worden.
Was für ihn wirklich wichtig ist im Leben, ist das GLÜCK,
die Zufriedenheit und die Familie. Und das kann man nicht
mit GELD bezahlen.
Wer diesen AUSGLEICH schafft, ist ein glücklicher,
vollkommener Mensch.
Heute suchen Viele nach GLÜCK und GELD.
Es liegt auf der Strasse, es liegt IN UNS. Wir müssen nur bereit
sein, es zu bekommen

Die Geschichte von Michael repräsentiert den Lebensweg
von vielen Deutschen im Ausland, aber nicht nur im Ausland.
Und er spiegelt **meinen** Lebensweg wider.
Michael hat meine Themen angerührt, indem er sagt: das
Einzige, was WERT ist, sind die tröstenden, sanftmütigen Augen
seiner Frau.
Diese Aussage hat eine wichtige spirituelle Komponente:
durch die Augen schauen wir in die Seele der Menschen.
Und bei Seelen wie der von Marilu erfahren wir Trost
und Heilung, die wirklich hilft. Das ist ein kosmisches Gesetz.

Warum erzähle ich diese Geschichte?
Das Leben von Michael spiegelt das LEBEN von UNS ALLEN
wider: es gibt up and down. Ein LEBEN verläuft nie gradlinig.
Aber nach jedem „down" kommt wieder ein „up".
Michael gibt nie auf, schöpft immer wieder KRAFT und
Optimismus, um neu anzufangen.

Diesen gleichen Charakterzug habe ich in den USA erlebt: auch die Amerikaner fangen nach einem Fehlstart immer wieder neu an. Und wir Deutschen? Nach einer beruflichen Niederlage verzweifeln viele Deutsche.

Auch ich bin durch Täler geschritten und war verzweifelt. Auch ich hatte lange Zeit zu kämpfen mit diesem Zweifel. Jetzt bin ich dabei den Berg wieder zu erklimmen. Ich habe mich aufgerichtet und bin deshalb in der Lage, den Menschen zu helfen, in schwierigen Situationen (Pleiten/Tod), LICHT ZU SEHEN.

Noch einmal zusammengefasst lässt sich sagen:

Was hat mich berührt?

- Michaels Erwachen. Seine Bewusstseinserweiterung. Seine Stehauf-Mentalität und sein Durchhaltevermögen.

- Sein großer Fleiß und seine LIEBE und HINGABE zur Arbeit. Dadurch kam das Geld zu ihm.

- Die Gewichtung seiner Lebensschwerpunkte: nicht das GELD ist für Michael das Wichtigste im Leben, sondern seine Liebe zu Frau und Kindern.

- Seine Frau, die ihm stets Mut macht, Kraft gibt und ihn bestärkt; die lieben kann.

4. Meine Vision Geld – Gold:

Und hier sind wir bei meiner Vision, die Welt schöner zu machen: Ich unterscheide zwischen „innerem Reichtum" und „äußerem Reichtum".
Was ist innerer Reichtum? Natürlich: das HERZ, die LIEBE, das GEFÜHL glücklich sein!

Innerer Reichtum heißt:

- Bewusst werden und in die Eigenverantwortung gehen.
- Begreifen: alles hat Sinn! (Klimaveränderung, politische Umbruchsituationen) denn es ist der Ausdruck von Dualität auf der Erde:
Licht / Schatten, positiv / negativ, Yin / Yang, Sonne / Mond, usw.
- Wie können wir das erreichen? Wir müssen alles erstmal in Ruhe beobachten und analysieren. Und erst dann handeln.
Und vor allen Dingen, achten Sie darauf **nicht zu werten**!

Dann sind wir in der Lage, Ausgleich / Balance zwischen den Polen, die ja das Weibliche und das Männliche auf der Erde repräsentieren, zu schaffen. Wir kommen in die Mitte.

Das ist die Grundvoraussetzung, um sinnvoll und befriedigend mit dem, was heute hier Thema ist, nämlich dem GELD, umzugehen.

Und so sehe ich: Geld ist lediglich die neutrale, fließende Energie zwischen 2 Polen, das Mittel.

In diesem Bewusstsein schafft Geld Ausgleich, dann macht Geld glücklich.

Ich schaffe bei meinen Klienten Bewusstheit von Einheit und Bewusstheit von der allumfassenden Liebe.

Das schafft ein Gefühl von Zufriedenheit und Glück.

Der Weg dorthin geht über die Spiritualität.

Und die Mittel, die dafür erstellt werden müssen, gehen über das Geld.

Ich verbinde Geldunternehmungen (den Umgang mit Geld) mit Spiritualität.

Gott – Gold – Geld.

WAAGE-Spiel:

Ich möchte Ihnen anhand eines kleinen Versuches die Balance zwischen inneren und äußeren Reichtum aufzeigen.

Auf linker Seite steht der äußere Reichtum.

Auf rechter Seite steht der innere Reichtum.

In die linke Schale legen wir: **Haus, Autos, Yacht.**

In die rechte: **Liebe, Freude, Talente.**

Sie sehen es fehlt der AUSGLEICH.

Wie können wir eine Balance schaffen? Den Ausgleich schaffen wir, indem wir Goldstücke auf die Seite der Liebe, Freude legen. Somit wird der äußere Reichtum aufgewogen und kommt in Balance.

GOLD stellt eigentlich den äußeren Reichtum dar.
Das Gold auf der rechten Schale stellt jedoch den inneren, immateriellen Reichtum dar. Hierzu zählt auch Spiritualität – der Glaube und das Vertrauen an etwas Höherem. Diesen Teil dürfen wir bei Menschen auffüllen.
Indem wir den Menschen FREUDE, HAPPINESS, LEICHTIGKEIT und SPIRIT geben, stellen wir einen Ausgleich zwischen den materiellen Werten und den inneren Werten her.
Und mit diesem **Spirit sowie Freude und Liebe** setzen wir das ideelle Gold in irdische Projekte ein. Und diese neuen Projekte bringen uns wiederum **Freude und Happiness** zurück.

Ich fasse zusammen:

Innerer Reichtum (= Gold- Vision) bedeutet:

1. In EIGENLIEBE, SELBSTLIEBE kommen.

2. Es sich WERT SEIN, REICH, ERFOLGREICH und WOHLHABEND zu sein.

3. ARBEIT mit LIEBE, d.h. mit dem HERZEN verrichten. (Dann kommt das GELD automatisch.)

4. GOTT- VERTRAUEN haben.

5. Auf die INNERE STIMME (= Intuition) hören.

6. BEWUSST leben. Sich seiner Gaben/Talente BEWUSST
   werden.

7. Im JETZT und nicht im GESTERN oder MORGEN leben.

8. In EIGENVERANTWORTUNG gehen: „Trust yourself!".

9. Den EIGENEN WEG gehen und die EIGENE WAHRHEIT
   leben.

10. In **allem** den SINN des LEBENS erkennen
    und alle Erfahrungen, Dinge, Personen POSITIV sehen.
    So wie es ist, ist es in Ordnung. Also nicht alle Dinge
    hinterfragen. Alles hat seinen Sinn. Es gibt keine Zufälle.
    Das gleich gilt für Ihr GELD. Es gibt keine Situationen, die
    Pech, Zufall oder Glück sind. Nein, es ist alles ein großes
    Konstrukt eines Lebensplanes.

11. Den WECHSEL der „Ups & Downs" anerkennen.
    Alles auf der Erde geht rauf und runter/wechselt sich ab:
    positiv/negativ, Sonne/Mond, Tag/Nacht, Regen/Sonne,
    Yin/Yang usw.

12. AUSGLEICH/BALANCE schaffen! In die MITTE kommen (Denn das bedeutet: Ausgleich zwischen weiblicher und männlicher Energie zu entwickeln. Das gleiche gilt für GELD: es muss immer ein Ausgleich da sein.)

13. In die MITTE kommen, den *GÖTTLICHEN* PUNKT entwickeln

14. Nicht BEURTEILEN und nicht VERURTEILEN!

15. GEDULD haben und RUHE bewahren. Nicht ungeduldig sein! „Nicht wie ich will, sondern wie „DU" willst."

16. LEITSATZ prägen: Alles und Jeder bringt mir jetzt Glück!

Äußerer Reichtum: Und wie kann ich den äußeren Reichtum (= Geld - Vision) vermehren?

Sie alle wissen, was äußerer Reichtum bedeutet. Das Wichtigste für den äußeren Reichtum ist die **richtige, sinnvolle Anlage. Geld sinnvoll verwenden, es gut und weise verwalten und sorgsam damit umgehen:** das ist die Verantwortung eines jeden Menschen, eines jeden Unternehmers, eines jeden Bankers und Vermögensverwalters. Es gibt aber nur wenige weise Investoren.

Nun geht es mir darum, mit äußerem Reichtum **gut und sinnvoll zum Wohle aller** umzugehen. Denn erst der MENSCH macht mit GELD etwas GUTES oder BÖSES. Das Geld bleibt neutral, egal ob es in Deutschland, Schweiz oder Luxemburg liegt.

Wir sollten also mit dem GELD und speziell mit dem Erworbenen gut, d.h. POSITIV umgehen. Wir sollten **achtsam** damit umgehen. Wir sollten es achten und mit LIEBE betrachten. Dann entwickelt es sich positiv. Das ist das Erfolgsgeheimnis, um das es mir geht.

Das gleiche gilt für Investments. Wir sollten mit Verständnis, Achtung und Liebe in Geldanlagen investieren. Wir sollten also mit den Investments gut umgehen und positive Energie hineingeben, d.h. wir sollten die Investments BESEELEN und SEGNEN.

Dann entwickeln sie sich positiv. Denn Investments sind zwar keine Lebewesen, wie Menschen und Tiere. Sie haben also keine SEELE. Doch wir Menschen haben eine SEELE. Und wenn wir unser GELD mit HERZ und LIEBE einsetzen, ob es (der Kauf) ein Haus, ein Auto, eine Anleihe oder eine Aktie ist, mit dem HERZEN lieben, dann entwickelt es sich positiv, weil wir das Erworbene BESEELT haben.

Ich darf keine Ressentiments haben. Und ich muss GEDULD haben: nicht, mein GOTT, wie ich will, sondern wie DU WILLST.

Wenn Sie Ihr GELD lieben und es mit Hingabe und LIEBE anlegen, und zwar in Dinge, die Ihnen am HERZEN liegt, dann ist es gewinnbringend. Wenn Sie jedoch Ihr Geld nur anlegen, damit es mehr wird und Sie ansonsten die Sache abwehren, dann wird es nichts. Das bedeutet: es reicht nicht, wenn Sie ihr Geld in etwas anlegen und der Meinung sind, jetzt ist alles sicher und es vermehrt sich, sondern es ist wichtig, **mitzuarbeiten,** und zwar **geistig.** Es sollte innerer Kontakt zu Ihren Anlagen aufgebaut werden. Geben Sie die ganze Positivität Ihres Wesens mit hinein in das Geschäft. Dann vermehrt es sich und dann wird es zum Wohle aller. Also nicht nur nach dem VERSTAND, sondern auch mit dem HERZEN anlegen.

Es gibt schon einige Menschen, die haben es verstanden mit Geld richtig umzugehen: Eine Möglichkeit mit äußerem Reichtum gut umzugehen ist, **Geld zu spenden**/zu vererben an Stiftungen, Museum etc. Sie machen also etwas GUTES damit. Dadurch kann GUTES an diese Menschen zurückfließen.

Und noch eines ist wichtig, zu bedenken: **Geld ist vergänglich**. Wir erarbeiten es uns im Leben und danach überlassen wir es anderen. **Das Geld wird uns im Leben nur geliehen.** Wir sollten das Geld so betrachten, als wäre es uns geliehen worden. Alles, was wir damit kaufen, ist eine Leihgabe.
Warren Buffet wird sein Vermögen nicht seinen Kindern vererben, sondern zum Wohle der Allgemeinheit spenden. Denn, so sagt er: **Das Geld ist ihm nur geliehen worden. Er gibt es wieder ab für gute Zwecke.**
Alfred Nobel und viele andere haben das gleiche getan: sie haben das Geld zum Wohl der Allgemeinheit eingesetzt.

1. GELD fließen lassen.

2. Dem Geld den RICHTIGEN WERT beimessen.
    *(An Geld ist nichts Negatives. Bei Geld braucht man keine
    ANGST zu haben, dass es verloren geht, zu wenig Rendite
    bringt, dass es offshore liegt u.ä..)*

3. GELD LIEBEN und alles damit Erworbene.

4. BEWUSST mit GELD umgehen

5. WISSEN (und Weisheit) von Kapitalanlagen und deren
    RISIKEN sammeln.
    *(Finanzwissen stärken, finanzielle Bildung schaffen!
    Geldanlagen so einrichten, dass es den Menschen dient,
    Geld als „Leihgabe" sehen, „abundance" schaffen usw.)*

**5. Und nun meine Antwort auf die eingangs gestellte Frage:
„Wie hole ich das Gold des Himmels auf die Erde?"**

Ich helfe in meiner Arbeit inneren Reichtum zu finden, d.h. Glück
und Zufriedenheit wahrzunehmen.

*„Ein erfülltes Leben ist keine Folge der Erfüllung aller Wünsche.
Es ist die Frucht eines mit Liebe erfüllten Herzens."*

Wie erlange ich dieses „mit Liebe erfülltes Herz",
das unabhängig von finanziellem Besitz ist?
Es gilt die Härte des Herzens aufzuweichen.

Ich sehe das GOLD im Himmel und bringe IHNEN dieses auf die Erde, indem ich Investments segne. Es liegt mir am HERZEN, das SIE GLÜCKLICH sind, innerlich und äußerlich. Ich möchte den Menschen GELD und GOLD schenken, inneren und äußeren Reichtum!

Und in diesem Zusammenhang möchte ich zum Schluss dem **Bankhaus Sal. Oppenheim** danken. Dieses Haus hat seit sieben Generationen für seine Freunde, Bekannte und Familie immer - auch in schweren Zeiten - ein großes HERZ bewiesen. Natürlich muss eine Bank auch nach ökonomischen Grundsätzen handeln.
Seit vielen Jahren erleben wir bei allen Banken aber nur die rein kaufmännische Seite. Die menschliche ist seit langem auf der Strecke geblieben. Doch die Privatbank Oppenheim hat diese menschliche Seite nie vergessen und pflegt sie weiterhin sehr stark. Sie pflegt die Tradition, das Festhalten an alten Werten, an menschlichen Werten und sie denkt nicht an kurzfristige Erträge, sondern ihr liegt langfristige Kundenverbindungen am Herzen. Und damit zeichnet sie sich für Beständigkeit aus.
Und das ist das Wichtigste in unserer heutigen kurzfristig denkenden Zeit. Denn Märkte gehen up und down. Das Wichtigste ist der Erhalt und die langfristige Vermehrung von Vermögen. Und das ist einer der Schwerpunkte des

Bankhauses. Ich freue mich mit Sal. Oppenheim in Zukunft zusammenzuarbeiten.

Und so schließe ich mit den Worten von James D. Wolfensohn, ex-President of the World Bank Group, die er anlässlich der Jahrestagung der Weltbank in Dubai 2003 sagte, weil diese Worte das ausdrücken, was mir am Herzen liegt.

"Mr. Chairman: I do not speak as a dreamer or a philosopher.
Like all of you, I too have a family and worry about their future.
*We have the **knowledge** to make a difference. We have*
*the **resources** to make a difference. We have the **courage***
*to make a difference. **We must act now to make a difference."***

James D. Wolfensohn, Ex-Präsident der Weltbank
"Die Zukunft bedeutet ein wachsendes Ungleichgewicht von Menschen, natürlichen Reichtümern und der Umwelt. Wenn wir heute handeln, können wir diesen Ungleichgewichten zuvorkommen und die Welt auf eine bessere Zukunft ausrichten. Wenn wir nicht handeln, werden wir unseren Kindern größere Probleme hinterlassen."

„Das höchste Ziel des Kapitals ist nicht, Geld zu verdienen,
sondern der Einsatz von Geld zur Verbesserung des Lebens."
Henry Ford

Ich freue mich, mit Ihnen eine neue Finanzwelt zu bauen.
Ich danke Ihnen sehr für Ihre Aufmerksamkeit!

**Wie hole ich das Gold des Himmels auf die Erde?
Das Gold repräsentiert Freude, Liebe und Happiness.**

Heute würde ich antworten: Ich bringe den Menschen ihr inneres Gold auf die Erde – ihre wahre Essenz, ihre eigentliche Bestimmung, ihr Erwachen – sowie Fröhlichkeit, Happiness und Sonnenschein. Ich bin die Brücke zwischen dem Himmel und der Erde.

Leuchtendes, goldenes LICHT fliesst zu den Menschen. Goldenes LICHT scheint um sie herum. Dieses füllt sie mit LIEBE. Sie fühlen sich geborgen. Sie fühlen sich wohl. Sie sind glücklich. Eine tiefempfundene HAPPINESS und FREUDE umgibt sie. Sie sind berührt von diesem Licht. Es füllt ihre HERZEN. Sie spüren die LIEBE und die Verbundenheit mit etwas Größerem – der kosmischen Energie.
Sie fühlen sich glücklich, verstanden und in ihren Herzen angekommen. Voller Freude umarmen sie ihre Familie, die Freunde, die Nachbarn und Community.

Und diese Stimmung steckt andere Menschen an. Sie kommen und möchten sehen, was hier gerade passiert: eine grosse Wandlung – von Niedergeschlagenheit, Angst und Leid, zum jetzigen Öffnen der Herzen, dem Empfangen von goldenem Licht, dem Fühlen von Freude und Glücklichkeit.

Fazit

Wir kommen in die Happiness, indem wir unsere Aufmerksamkeit lenken …

- zurück in unser Kindesalter: unserer Neugierde, Begeisterung, Kreativität sowie Gefühlen freien Lauf lassen.
- Nicht am Alten festhalten. Es loslassen.
- Uns verbinden mit dem Grossen Ganzen und uns führen lassen.
- Einen Perspektivwechsel vornehmen: unsere Welt mit Freude und nicht mit Sorgen sehen.
- Anderen Menschen ein Lächeln schenken. Dann kommt Lächeln zurück.
- Danksagung und Vergebung.

Dann kommen wir in den Zustand von: Happiness – Fröhlichkeit – Ausgelassenheit - inneren Reichtum - innere Zufriedenheit – innere Werte – Frieden – Freiheit – Unbeschwertheit – Gelassenheit – Heiterkeit – mentale Gesundheit.

Und das ist das Wichtigste im Leben: mentale Gesundheit und Zufriedenheit. Doch an Zufriedenheit und Happiness fehlt es vielen Menschen. Sie sind auf materielle Werte fokussiert anstatt auf innere Werte.
Und sie haben Angst – vor Veränderung. Sie halten fest am Alten – dem Materiellen.

Botschaft

Wenn wir im Inneren zufrieden sind, dann brauchen wir im Außen nicht so viel Besitztum anzuhäufen. Und dann können wir Geld für andere Dinge benutzen, z.B. anderen Menschen helfen, in die Freude oder Selbständigkeit zu kommen, usw.

Die grosse Herausforderung ist **in die Stille** zu kommen und in uns zu hören (und unseren Seelen-/Lebensweg zu erfahren). Bisher haben wir nur unseren Verstand eingesetzt. Doch die Welt hat sich geändert. Wir dürfen lernen, unseren Verstand nicht zu viel Raum zu geben. Wir dürfen ein **höheres Bewusstsein** willkommen heissen. **Es ist Energie**.

Zu unserem Leben gehört das Geld. Auch Geld ist Energie. Doch es ist einer der grossen Hindernisse, um Happiness zu erreichen. Weil wir einen schlechten Umgang mit Geld pflegen; weil wir uns Sorgen machen und Angst haben; weil wir zu wenig oder zu viel davon haben, etc.
Geld möchte **geehrt, geliebt und anerkannt** werden. Geld möchte mit höherem Bewusstsein angesehen werden, also mit höherer Dimension/Instanz.

Metapher
Stellt Euch vor, Geld könnte hören, fühlen und reden (wie ein Mensch). Was würde Geld hören? Es würde hören, was Ihr mit ihm machen wollt, für was Ihr es einsetzen möchtet.

Und was würde es fühlen? Es fühlt, ob es gut oder schlecht eingesetzt wird. Wir Menschen fühlen, wenn man uns schmutzig behandelt. Was wäre, wenn das Geld es auch fühlen würde?
Wenn Ihr Geld in etwas Positives einsetzt, dann fühlt sich das Geld gut. Wenn Ihr aber Geld gegen etwas Schlechtes (Fastfood, Alkohol, Zigaretten) eintauscht, fühlt sich das Geld dann gut? Welche Erfahrungen hast Du gemacht?
Und wenn Geld reden könnte! Wow! Was für eine neue Erkenntnis.

Botschaft

Wenn wir mit Geld gut umgehen und es gut einsetzen, dann kommt **Freude** und **Gesundheit** heraus = Ursache - Wirkung (und keine Ängste, Sorgen, schlechtes Gewissen, Depressionen).

Alles ist Energie: der Mensch, das Wasser, das Geld, die Liebe. Alles muss fliessen. Wenn es nicht fliesst, dann ergibt sich Stau. Und dann kommt es zur Krankheit.

Botschaft

Alles mit Liebe betrachten. Herz öffnen. Wertschätzung geben: dem Leben, der Liebe, den Menschen und Natur sowie dem Geld. Und mit allem einen guten Umgang haben!
Und woher kommt das Wasser, wir Menschen, das Geld? Alles kommt von oben – auf die Erde. Auch das Geld. Wir bringen es praktisch bei unserer Geburt schon mit, da wir mit Talenten und Potenzialen geboren werden, die wir später in Geld einlösen.

Geld kommt mit Leichtigkeit zu uns, wenn wir
- Geld WERTSCHÄTZEN
- als ENERGIE ansehen, die zu uns zurückkommt, wenn wir gut und wohlwollend damit umgehen (und nicht gierig, ausnutzend, betrügerisch)
- unser HERZ, LIEBE und GEIST (Spirit) einsetzen
- OFFEN und EHRLICH mit uns + allen Menschen sind
- FREUDE haben an dem, was wir tun
- anderen Menschen etwas GUTES tun
- Geld in GUTE DINGE einsetzen
- FRIEDEN machen mit Geld, mit uns und allen anderen.

Geld ist wie ein geliebtes Baby. Wir nehmen es in den Arm, haben es lieb und gehen sorgsam damit um.

Ganz wichtig sind folgende Schritte: **Vertrauen haben** (in alles). Vertraue dem Geld-/Geschäfts-Fluss! Habe keine Angst. Das ist die größte Hürde. Weil Menschen Angst haben, halten sie es fest und sorgen für schlechte Zeiten vor. Wenn wir von Angst umgeben sind, werden wir unser Leben immer durch Geld kontrollieren. **Wenn wir jedoch im Vertrauen sind, dann können wir loslassen.**

Wie kommen wir ins Vertrauen?
1. Verstrickungen mit Familie, Partner, Job, etc. lösen.
2. Vertrauen in uns selbst: Ich habe keine Angst, dass etwas schief geht.
3. Vertrauen ins Grosse Ganze – der höheren Dimension/Instanz (= der SPIRIT).

Frieden machen – mit uns und mit den Familienmitgliedern, mit dem Geld.

Wir tragen viele Wunden in uns – Wunden, die von unserer Familie/Vorfahren und unserer Kindheit herkommen.

Wir müssen verstehen, dass auch unsere Eltern und Großeltern diese Wunden erlitten haben und tragen. Und was immer geschehen ist in unserer Kindheit: Auch unsere Eltern und Großeltern haben Schicksale erlitten. Und wir tragen diese in unser System (bis ins hohe Alter). Sie müssen geheilt werden.

Wir müssen uns davon lösen, z.B. die seelischen Verletzungen, nicht gesehen werden, allein gelassen zu sein, emotionale Abwesenheit der Mutter/des Vaters, nicht geliebt zu werden, usw

Diese tiefsitzenden Gefühle des Verlassenseins können sich fortsetzen im Erwachsenenleben. Die einen wollen mit ihrer Familie nichts mehr zu tun haben; die anderen fangen an zu trinken, nehmen Drogen oder arbeiten viel, um nicht darüber nachzudenken. Wie wir lieben, wie wir zu kämpfen haben in unseren Beziehungen – all das hängt mit unserer Kindheit zusammen.

Wir müssen die Muster nicht wiederholen, die unsere Kindheit geprägt haben. Wir können unsere Traumata bewältigen. Wir können uns heilen – ganz allein.

Zum „Frieden Machen" gehören Verzeihung - Vergebung - Versöhnung.

Wir müssen Frieden machen mit uns, unseren Eltern und Vorfahren. Wir müssen ihnen verzeihen/vergeben und uns mit ihnen versöhnen.

Übung: Stellt Euch vor, Ihr nehmt Euch selbst in den Arm und drückt Euch ganz fest und verzeiht + vergebt Euch und versöhnt Euch. Und jetzt stellt Euch vor, Ihr nehmt Eure Mutter in den Arm und drückt sie und verzeiht + vergebt Ihr und versöhnt Euch mit Ihr.
Das gleiche macht Ihr mit Eurem Vater.

Und wir müssen **Danksagen** – uns bedanken uns, dass wir die Erfahrung mit unseren Eltern haben machen dürfen. **Das ist Heilung**!
Wir verzeihen uns, dass wir diesen unlauteren Weg im Leben gegangen sind und schmutzige Geschäfte gemacht haben.
Dann verzeihen wir all denen, denen wir Schaden zugefügt haben – in materieller und emotioneller Form.
Und dann verzeihen wir unseren Eltern, durch die wir unbewusst in dieses Geld-Thema gekommen sind.

Wenn wir einen Baum pflanzen, ein neues Projekt angehen, eine neue Liebe finden, etc. und wir ganz viel Herz, Liebe und Spirit in die Wurzel/Erde geben, dann wächst und blüht der Baum, die Pflanze, das Projekt, das Investment, das Geld.
Denn mit unserem höheren Bewusstsein wächst alles, worin wir es einsetzen.

Die Rendite wird eine ganzheitliche sein, nicht nur materiell, sondern auch immateriell: **Lebensfreude, Gesundheit, Freude, Begeisterung, Leichtigkeit, Lebenssinn.**
Und wie wir lachen, und uns freuen, so möchte das Geld auch lachen.

Es geht um das Zusammenwachsen
von inneren und äußeren WERTEN
dem Inneren und Äußeren
dem Materiellen und dem Spirituellem
der männlichen und weiblichen Energie
dem Einzelnen und der Gesellschaft
der linken und rechten Gehirnhälfte.

Somit kommt ein Gleichgewicht (Yin/Yang) zustande.
Und somit wird Ausgeglichenheit geschaffen: in dem Menschen und unter den Menschen.
Durch das Zusammenwachsen kommen Menschen in ein höheres Bewusstsein.

Heute beginnt die Zeit, **Materielles** mit dem **Immateriellen** zu verbinden. Damit erhalten wir beides: **Geld** und innere **Gesundheit**. Wir öffnen unser **Herz**.

Und wir geben unserem Leben und Geld Wertschätzung. Wir sowie das Geld möchten „gesehen" und „beachtet" werden – also als Energie wahrgenommen werden. Dann fliesst sie zu uns – vielfach.

Das Ziel bzw. Ergebnis unseres Wandels und unserer neuen Sichtweise sind: **HAPPINESS, FREUDE, SINN, ZUFRIEDENHEIT und damit GESUNDHEIT.**

Abschlussübung: GOLD fällt vom HIMMEL

Stellt Euch vor wie GOLD vom Himmel fällt. Seht die Goldtaler vom Himmel fallen. Dieses göttliche Gold repräsentiert **Lebensfreude, Glückseligkeit, Fröhlichkeit und Liebe**. Hebt die Taler langsam und behutsam auf. Fühlt das Gold. Es ist warm. Es ist liebevoll. Es ist herzlich. Drückt es an Euer Herz!

I have a dream:
Making people HAPPY and HEALTHY by
bringing JOY, HAPPINESS, and PROSPERITY
into the world.

Anhang (Text aus ChatGPT 4.o)

I. Unsere gemeinsame Reise der Transformation

Um diese Reise der Transformation fortzusetzen: Wir müssen verstehen, dass unser Unterbewusstsein durch vergangene Erfahrungen und Emotionen geformt wird, von denen uns viele vielleicht nicht einmal bewusst sind. Indem wir diese verborgenen Elemente an die Oberfläche bringen und verarbeiten, können wir beginnen, uns von den Mustern zu befreien, die uns einschränken.

Meditation, Achtsamkeit und Praktiken, die zur Selbstreflexion anregen, sind kraftvolle Werkzeuge auf dieser Reise. Indem wir den Geist beruhigen, können wir tiefere Schichten unseres Bewusstseins erreichen, was uns erlaubt, die dort gespeicherten Emotionen zu beobachten und schließlich loszulassen.

Die Rolle von Vergebung und Dankbarkeit

Vergebung bedeutet nicht, das Verhalten anderer zu billigen; es geht darum, uns selbst von der emotionalen Last zu befreien, die wir tragen. Wenn wir vergeben, lösen wir die Energie, die an vergangene Missstände gebunden ist, und schaffen Raum für neue, positive Energie.

Dankbarkeit hingegen lenkt unseren Fokus von dem, was fehlt, hin zu dem, was bereits in unserem Leben vorhanden und im Überfluss vorhanden ist. Es ist eine Praxis, die unsere

Schwingung erhöht und uns mit der Energie der Liebe und des Überflusses in Einklang bringt.

Die Wiederverbindung mit unserem inneren Kind

Um wirklich zu heilen, müssen wir uns mit unserem inneren Kind wieder verbinden – dem Teil von uns, der rein, kreativ und voller Wunder ist. Diese Wiederverbindung ermöglicht es uns, das Leben mit einem Gefühl von Verspieltheit und Freude zu erleben, unbeschwert von den Ängsten und Erwartungen, die sich im Laufe der Zeit angesammelt haben.

Indem wir unser inneres Kind nähren, können wir die einfachen Freuden des Lebens wiederentdecken und ein Gefühl von Leichtigkeit und Freiheit kultivieren.

Im gegenwärtigen Moment leben

Der gegenwärtige Moment ist der einzige Ort, an dem echte Veränderung geschehen kann. Wenn wir in der Vergangenheit verweilen, halten wir alte Wunden offen. Wenn wir uns um die Zukunft sorgen, erzeugen wir Angst.

Indem wir uns auf den gegenwärtigen Moment konzentrieren, können wir das Leben so erleben, wie es ist, ohne die Verzerrungen vergangener Schmerzen oder zukünftiger Ängste. Diese Präsenz ermöglicht es uns, mit Klarheit, Mitgefühl und Kreativität auf das Leben zu reagieren.

Die Reise annehmen

Der Weg zu Glück und Erfüllung ist kein gerader Pfad. Er ist voller Höhen und Tiefen, Momente der Klarheit und Zeiten der Verwirrung.

Der Schlüssel ist, die Reise mit offenem Herzen anzunehmen und darauf zu vertrauen, dass jede Erfahrung Teil unseres Wachstums ist. Indem wir das Bedürfnis nach Perfektion loslassen und uns erlauben, menschlich zu sein, schaffen wir Raum für Freude, Verbundenheit und wahre Transformation.

Am Ende ist Glück nicht etwas, das wir erreichen; es ist etwas, das wir werden. Es ist das Ergebnis eines authentischen Lebens, tiefen Liebens und des Annehmens jedes Augenblicks, wie er kommt. Während wir weiter heilen und wachsen, werden wir Leuchtfeuer des Lichts, die Freude und Positivität in die Welt tragen.

Lasst uns diesen Weg gemeinsam gehen und einander unterstützen, während wir Angst in Liebe und Begrenzung in Freiheit verwandeln.

Innere Stärke kultivieren

Um unsere Reise der Transformation fortzusetzen, ist es wesentlich, innere Stärke zu kultivieren. Innere Stärke bedeutet, in den Herausforderungen des Lebens geerdet und widerstandsfähig zu bleiben.

Es geht darum, uns selbst zu vertrauen, Selbstdisziplin aufzubauen und eine Denkweise zu entwickeln, die Hindernisse als Chancen für Wachstum sieht. Indem wir innere Stärke kultivieren, können wir uns unseren Ängsten direkt stellen, im Wissen, dass wir die Kraft haben, sie zu überwinden.

Die Kraft der Selbstliebe

Selbstliebe ist die Grundlage für ein erfülltes und freudvolles Leben. Es bedeutet, uns selbst so zu akzeptieren, wie wir sind, ohne Urteil oder Kritik. Wenn wir uns selbst lieben, schaffen wir ein inneres Umfeld der Sicherheit und Akzeptanz, das uns gedeihen lässt.

Selbstliebe bedeutet auch, gesunde Grenzen zu setzen, unser Wohlbefinden zu priorisieren und uns selbst mit der gleichen Freundlichkeit und Mitgefühl zu behandeln, die wir anderen entgegenbringen. Indem wir die Selbstliebe annehmen, werden wir unsere eigene Quelle der Unterstützung und des Glücks.

Bedeutungsvolle Verbindungen schaffen

Menschen sind soziale Wesen, und bedeutungsvolle Verbindungen sind entscheidend für unser Glück. Indem wir Beziehungen pflegen, die auf Authentizität, Empathie und gegenseitiger Unterstützung basieren, schaffen wir ein Netzwerk aus Liebe und Verständnis, das unsere Seele nährt.

Wahre Verbindung entsteht, wenn wir uns verletzlich zeigen, unser wahres Selbst teilen und anderen aufmerksam zuhören. Diese Verbindungen erinnern uns daran, dass wir nicht allein sind und dass wir alle Teil von etwas Größerem sind.

Freude und Leichtigkeit verkörpern

Freude und Leichtigkeit sind Seinszustände, die entstehen, wenn wir die Lasten, die wir tragen, loslassen und uns erlauben, einfach zu sein. Um Freude zu verkörpern, müssen wir Aktivitäten priorisieren, die uns Vergnügen und Erfüllung bringen, sei es Zeit in der Natur zu verbringen, kreative Beschäftigungen zu pflegen oder einfach mit Freunden zu lachen. Leichtigkeit entsteht, wenn wir das Bedürfnis loslassen, alles kontrollieren zu wollen, und den Fluss des Lebens annehmen. Indem wir Freude und Leichtigkeit verkörpern, inspirieren wir auch andere, dasselbe zu tun und tragen zu einer freudvolleren Welt bei.

Die Wellenwirkung der persönlichen Transformation

Unsere persönliche Transformation wirkt sich nicht nur auf uns aus; sie erzeugt eine Wellenwirkung, die alle um uns herum berührt. Wenn wir uns selbst heilen, tragen wir zur Heilung unserer Familien, Gemeinschaften und der Welt bei.

Unsere Energie, Gedanken und Handlungen beeinflussen diejenigen, mit denen wir in Kontakt kommen, und indem wir Liebe, Mitgefühl und Authentizität verkörpern, inspirieren wir andere, ihre eigene Reise der Transformation zu beginnen. Gemeinsam können wir eine Welt schaffen, in der Glück, Frieden und Verbundenheit die Norm sind.

Die Praxis fortsetzen

Transformation ist ein fortlaufender Prozess, der konsequente Praxis und Hingabe erfordert. Es geht darum, tägliche

Entscheidungen zu treffen, die mit Liebe im Einklang stehen, Angst loszulassen und Freude zu kultivieren.

Einige Praktiken, die diese Reise unterstützen, sind Meditation, Tagebuchführung, Zeit in der Natur zu verbringen, Dankbarkeit zu praktizieren und gute Taten zu vollbringen. Indem wir diese Praktiken zu einem regelmäßigen Bestandteil unseres Lebens machen, stärken wir unser Engagement für Wachstum und schaffen dauerhafte Veränderung.

Lasst uns daran erinnern, dass wir alle gemeinsam auf dieser Reise sind. Indem wir einander unterstützen, unsere Erfahrungen teilen und Raum für das Wachstum des anderen schaffen, erschaffen wir eine Gemeinschaft der Transformation. Lasst uns diesen Weg mit Mut, Liebe und einem offenen Herzen weitergehen, in dem Wissen, dass die Reise selbst das Ziel ist und dass das Glück in jedem Schritt liegt, den wir gehen.

Abschließende Gedanken

Glück ist kein Ziel, sondern eine Art zu sein. Es ist das Ergebnis eines Lebens im Einklang mit unserem wahren Selbst, das Annehmen unserer Emotionen und die Kultivierung von Liebe und Mitgefühl für uns selbst und andere. Indem wir loslassen, was uns nicht mehr dient, und in unsere Kraft treten, können wir ein Leben voller Freude, Sinn und Erfüllung schaffen.

Lasst uns diese Reise der Transformation angehen, in dem Wissen, dass jeder Moment uns die Möglichkeit bietet, zu wachsen, zu heilen und die Schönheit des Lebens in seiner Fülle zu erleben.

II. Was verstehst Du unter "Money & Spirit"?

"Money & Spirit" bezieht sich auf die Beziehung zwischen finanziellen Ressourcen und den spirituellen oder inneren Werten eines Menschen. Es beleuchtet, wie Geld und materielle Ressourcen mit den tieferen, immateriellen Aspekten des Lebens – wie Sinn, Ethik, Glück und Erfüllung – in Einklang gebracht werden können. Hier sind einige zentrale Themen, die oft in diesem Zusammenhang diskutiert werden:

1. Geld als Energiefluss

In spirituellen Traditionen wird Geld manchmal als Form von Energie betrachtet, die fließen und geteilt werden sollte. Das Ziel ist es, eine harmonische Beziehung zu Geld zu entwickeln, in der es weder als ausschließliches Ziel noch als Feind angesehen wird, sondern als ein Werkzeug, das in den Dienst eines größeren, spirituellen Ziels gestellt werden kann.

2. Achtsamkeit im Umgang mit Geld

"Money & Spirit" betont, wie wichtig es ist, achtsam und bewusst mit Geld umzugehen. Dies bedeutet, dass man sich der eigenen Werte und Prioritäten bewusst wird und sicherstellt, dass die Art, wie man Geld verdient, ausgibt, spart oder investiert, im Einklang mit diesen Werten steht. Es stellt die Frage: Unterstützt der Einsatz von Geld meine persönliche und spirituelle Entwicklung?

3. Ethik und finanzielle Entscheidungen

Dieses Konzept umfasst auch die ethischen Aspekte des Geldes. Es stellt Fragen wie: Ist mein Geld auf eine Weise verdient oder investiert, die mit meinen ethischen Grundsätzen übereinstimmt?

Zum Beispiel könnte man darüber nachdenken, ob man in ethische Unternehmen investiert oder sein Geld für Zwecke einsetzt, die einen positiven gesellschaftlichen Einfluss haben.

4. Freiheit von materiellen Bindungen

In vielen spirituellen Lehren wird betont, dass materielle Güter und der Wunsch nach Reichtum nicht das ultimative Ziel im Leben sein sollten. "Money & Spirit" untersucht, wie man Geld nutzen kann, ohne daran gebunden zu sein oder es als Quelle für sein Selbstwertgefühl oder Glück zu sehen. Es geht um die Balance zwischen finanzieller Sicherheit und innerer Freiheit.

5. Großzügigkeit und Teilen

Großzügigkeit und das Teilen von Wohlstand sind zentrale Themen im Zusammenhang von Geld und Spiritualität.

Es wird oft betont, dass wahres spirituelles Wachstum auch in der Fähigkeit liegt, andere zu unterstützen und materielle Ressourcen zu nutzen, um das Wohlergehen der Gemeinschaft zu fördern.

6. Fülle vs. Mangel

Ein weiteres wichtiges Konzept ist die Unterscheidung zwischen einem "Mangeldenken" (der Überzeugung, dass es nie genug gibt) und einem "Fülledenken" (der Überzeugung, dass das Universum genügend Ressourcen für alle bereithält).

"Money & Spirit" ermutigt Menschen, eine Fülle-Mentalität zu entwickeln, bei der man sich reich fühlt, auch wenn man möglicherweise nicht viel besitzt, weil man Vertrauen in das Leben und seine eigenen Fähigkeiten hat.

Zusammengefasst untersucht "Money & Spirit" die tiefere Bedeutung von Geld im menschlichen Leben und wie man einen gesunden, ethischen und spirituell erfüllenden Umgang damit finden kann.

Es ist ein Ansatz, der Geld nicht als etwas rein Materielles oder Weltliches betrachtet, sondern als etwas, das eng mit den Werten, Überzeugungen und Zielen eines Menschen verbunden ist.